만세 소녀
유관순

류영하·신지영 글 | 이담원 그림 | 백석대학교 유관순연구소 감수

리잼

머리말

유관순 열사는 마음이 따뜻한 분이었습니다. 그 마음처럼 읽고 나면 우리의 마음도 따뜻해지는 전기를 쓰고 싶었습니다. 그래서 유관순 열사라는 호칭보다 유관순 혹은 언니, 누나라는 호칭이 더 친숙하게 되었으면 합니다. 그분을 우리 마음속의 영원한 언니, 누나로 기억하고 싶습니다.

그분에 관한 전기는 이미 수십 종이 나와 있습니다. 그 책들을 읽으면서 몇 년 전 서대문형무소를 떠올리게 되었습니다. 어느 젊은 선생님이 병아리 같은 유치원생들을 데리고 왔습니다. 순간 저 선생님이 무슨 말씀을 하실지, 이 서대문형무소를 어린 유치원 아이들에게 어떻게 설명할 것인지가 궁금해서 귀를 기울여 보았습니다.

하지만 그 이야기는 실로 무서웠습니다. 선생님은 처음부터 끝까지 형무소에서 일본 간수들이 독립투사들에게 가한 고문의 종류에 대해서만 아이들에게 소상하게 설명해 주는 것이었습니다. 물론 서대문형무소에 전시된 모형들을 따라가면서 나온 설명이겠지만, 어른인 내가 들어도 모골이 송연해지는 묘사를 유치원 아이들은 어떻게 받아들일까 하는 걱정이 들었습니다.

일본 간수들이 우리의 영웅들에게 엄청난 나쁜 짓을 한 것은 맞습니다. 하지만 유관순 열사가 우리에게 하고 싶은 말은 그것만이 다가 아니라고 생각합니다. 유관순 열사는 불의에 저항하여 비폭력 운동을 전개한 분입니다. 그 정신의 궁극적 지향점에는 동아시아의 평화 즉 한국, 중국, 일본 등 동아시아 여러 나라들의 항구적인 평화가 있습니다. 동아시아 각 나라가 서로의 존재를 인정하면서, 상대방의 문화를 존중하고, 조화롭게, 독립적인 삶을 살아가자는 것이 유관순 정신이라고 생각합니다.

그리고 유관순 열사의 실체는 시비지심과 측은지심입니다. 유관순 열사의 삶을 추적하면서 그것을 배울 수 있었습니다. 즉 사리가 분명한 그 정신과 따뜻한 그 마음이 중요한 것입니다. 내 편이라고 해서 무조건 옳다고 여기고 편을 드는 언행을 유관순 열사는 매우 싫어했습니다. 우리 편이라고 해도, 우리 가족이라고 해도 잘잘못만큼은 분명하게 가려 치우치지 않았습니다. 나아가서 유관순 열사는 타인을 배려하는 정신을 배워야 한다는 가르침을 주셨습니다.

요약하면 인간의 완전한 평등과 해방을 위해 목숨까지 내던진 분인 것입니다. 따라서 유관순 열사가 다시 살아나신다면 이렇게 말씀하시지 않을까 생각합니다.

"일본을 영원히 적대적으로 대하지는 마세요. 이웃사촌인 일본이나 동아시아 나라들과 사이좋게 지내세요. 독립선언서가 그랬던 것처럼 인간 평등과 세계 평화가 가장 중요한 사상입니다."

유관순 연구의 권위자인 박충순 교수님의 꼼꼼한 가르침에 깊은 감사를 드리며, 자료를 제공해 준 백석대학교 유관순연구소와 독립기념관에 감사합니다. 아울러 자료 찾기의 달인인 우리 백석대학교 유관순연구소 김하은 선생님의 노고에 대해서도 고마운 마음을 전합니다. 이 전기를 읽은 우리 어린이들의 마음속에 무엇보다도 반듯하게 살고자 하는 의지와 타인과 입장을 바꾸어서 생각해 보는 마음이 자라나면 좋겠습니다.

2017년 3월
백석대학교 유관순연구소장 류영하, 작가 신지영

차례

나라를 잃었지만 아이들은 자라지   7

나는야 골목대장   16

잊을 수 없는 경술년   25

이화학당 제일가는 장난꾼   32

배우는 기쁨에서 나누는 기쁨으로   42

뜨거운 마음으로 대한 독립을 외쳤어 51

다시 고향으로 60

아우내 장터의 '대한 독립 만세' 69

감옥에서도 만세 운동을 했지 80

내 마음은 언제나 너희 곁에 있어 88

류영하 교수님과 알아보는
당시의 생활상과 유관순 이야기 96

나라를 잃었지만 아이들은 자라지

태어난 날을 기억하는 사람은 천재가 분명해. 솔직히 말하면 난 하나도 기억나지 않아. 하지만 마치 그림으로 그린 듯 잘 알지. 엄마, 아빠한테서 귀에 못이 박히게 들었으니까 말이야.

내가 태어난 날은 1902년 겨울이었대. 입을 벌리면 하얀 김이 폴폴 퍼져 나갈 만큼 추운 날이었지만 엄마, 아빠부터 친척들까지 방 밖에서 조마조마한 마음으로 나를 기다렸대. 그리고 드디어 내 울음소리가 방 밖으로 터져 나왔을 때 어른들은 모두 한목소리로 외쳤대.

"그 녀석 참, 울음소리 한번 크네!"

"그러게요. 앞으로 큰일을 하게 생겼어요."

하긴 내 목소리가 좀 크긴 하지. 동네 강아지며 송아지도 내 울음소리에 자다가 깜짝 놀라 깼을지 몰라. 그날의 풍경을 떠올리면 난 참 행복한 아이였던 거 같아. 내가 태어나기를 기다려 준 엄마와 아빠, 많은 친척들이 있었으니까 말이야.

내가 태어나서 자란 목천군 이동면 용두리*는 고흥 유 씨들이 모여 살던 집성촌이야. 집성촌이란 같은 성씨를 가진 친척들이 모여 살던 마을을 말한단다. 교통수단이나 산업이 발달하지 않은 옛날에는 사람들이 한 번 태어나면 고향을 떠나 다른 지역으로 이동하는 경우가 적었어. 그래서 서로서로 힘든 일을 도와 가며 옆집 숟가락 개수까지 알 정도로 친하게 지내며 살았어.

아담한 집들이 옹기종기 모여 있던 마을은 백전천과 갈전천이라는 두 물길이 아우러지는 곳이야. 그래서 충청도 말로는 아우내라 부르고, 강원도 말로는 아우라지라고 부르기도 해.

우리 아버지 이름은 유중권이야. 한학을 공부하신 분이지. 어머니 이름은 이소제고 언제나 따뜻한 분이었어. 잔잔한 호수처럼 큰 소리 한번 안내셨지만 그 마음은 마치 천 년된 나무의 뿌리처럼 단단했어. 두 분을 생각하면 따뜻한 봄날의 햇볕이 생각나. 두 분은 깊고, 진실된 마음으로 나를 어떤 바람에도 꺾이지 않는 나무로 키워 주셨지.

* 현재의 충청남도 천안시 병천면입니다.

난 곧 관순이란 이름을 얻었어. 좀 특이한 이름이지? 너그럽고 순하다는 뜻이야. 이름과 같이 덩치도 너그럽게 컸지. 또래보다 덩치가 큰 내 재롱에 어른들은 항상 큰 웃음을 터트리곤 했어.

하지만 그 웃음소리도 점차 잦아들었단다. 이유는 하나였어. 당시 대한제국이었던 우리나라를 일본이 호시탐탐 노리고 있었기 때문이야. 일본은 우리나라를 수없이 침략하고 약탈하기 일쑤였어. 마을 어른들은 고된 농사일을 하는 도중에도 나라 걱정을 하느라 한숨이 멈추지 않았지.

내가 세 살이 되던 어느 날이었어. 작은아버지가 아버지에게 헐레벌떡 뛰어왔어.

"형님! 큰일 났습니다."

"중무야. 아침 댓바람부터 다짜고짜 그게 무슨 소리냐. 서두르지 말고 천천히 이야기해 봐."

작은아버지가 거칠게 숨을 몰아쉬자 아버지는 앉으라며 물을 건넸지.

"아, 글쎄 지금 큰 난리가 났단 말입니다. 일본 놈들이 이완용을 비롯한 매국노들과 짜고 우리나라를 보호한다는 명목으로 외교권을 빼앗아 버렸습니다. 지금 한양은 백성들의 울음소리로 가득합니다."

"뭣이라고? 사람들이 설마 그걸 보고만 있었단 말이냐?"

"시종무관장 민영환 선생과 좌의정을 지냈던 조병세 대감님이 상소를 올려 마지막까지 반대했지만 감옥에 갇히고 결국 두 분 다 스스로 목숨을 버렸습니다. 그 밖에도 수많은 분들이 자결했어요. 전부터 활동하던 의병들이 지금 더욱더 벌떼같이 일어나고 있어요."

작은아버지가 전해 주는 소식에 아버지의 얼굴이 잔뜩 찌푸려졌어. 그때 내가 세 살이었는데도 기억이 생생한 걸 보면 정말 큰일이었던 거지. 그때부터 우리나라는 일본의 허락이 없으면 아무 것도 하지 못하는 꼭두각시 나라가 돼 버렸어. 을사늑약이라고 너희들도 들어 봤을 거야. 을사년에 일본이 강제로 맺은 조약이라서 붙은 이름이지.

"어떻게 이런 일이 있을 수 있지. 어쨌든 이러고 있을 때가 아니야. 사람들을 모아서 우리도 대책을 세워 봐야지."

두 분은 한시라도 빨리 다른 사람들에게 슬픈 소식을 전하기 위해 마을 주민들이 모이는 교회로 향했어. 교회에는 이미 을사늑약의 소식을 듣고 몰려온 마을 사람들로 가득했지. 두 물길이 모이는 곳, 아우내라는 이름에서 알 수 있듯이 병천은 당시 사람들과 물건이 오가는 교통의 중심지라서 외지 소식이 빨랐거든.

뿐만 아니라 임진왜란 당시에 진주에서 왜적을 무찌르는 데 큰 공헌을 세운 김시민 장군을 비롯해서 나라를 위해 목숨을 바친 의병들, 나중에 상해임시정부의 주석이 된 이동영 선생이나 광복단을 조직하고 활동한 유창순 선생 등 헤아릴 수 없이 많은 독립운동가들을 배출한 고장이기도 해. 그래서 사람들은 우리 동네를 충절의 고장이라 불렀고, 병천 사람들은 옛날부터 자기 고장에 대한 자부심이 높았어.

교회에는 아버지와 작은아버지 그리고 이웃에 살던 조인원 아저씨도 와 있었어. 조인원 아저씨는 독립운동가였던 조병옥 선생의 아버지기도 해. 목천군 청년회는 아버지와 오랜 회의 끝에 이대로 가만히 있을 수 없다며 을사늑약을 반대한다는 뜻으로 민영환과 조병세의 분향소를 설치하고, 이들과 함께 나라를 위해 목숨을 버린 분들을 위해 사당을 짓기로 결정했어. 마을 사람들은 함께 그분들을 참배하며 우리나라를 지켜야 된다는 마음을 키워 나갔단다.

그러나 너무나 슬프게도 일본의 침략은 이제 시작이었어. 을사늑약을 계기로 다른 나라들의 눈치를 볼 일이 없어진 일본은 강제로 우리나라에게 빚을 지게 하고 그걸 빌미로 자기들 마음대로 우리나라의 재산을 빼앗아 갔어. 우리나라 화폐의 기능을 없애는 화폐 정리 사업을 해서 우리나라 사람이 운영하는 은행들을 일본 은행의 소유로 만든 것이 대표적이야.

이런 식으로 점점 우리나라의 경제권이 일본에게 넘어가자 이러면 안 된다고 생각한 사람들이 하나둘 나서기 시작했어. 당시 대구 지역에 광문사라는 회사의 부사장이었던 서상돈 선생은 국민 모두가 돈을 모아서 일본에게 빚을 갚자고 제안했어. 이 뜻이 많은 사람들에게 호응을 얻어서 전국 각지에서 국민들이 빚을 갚자는 '국채보상운동'이 시작된 거야. 운동은 대구를 시작으로 전국적으로 퍼져 나갔지. 남자는 담배를 끊고, 여자는 비녀와 가락지를 내놓았어. 국채를 갚으려는 국민들의 열망은 무척 뜨거웠어.

이 소식을 들은 아버지와 조인원 아저씨를 비롯한 병천 사람들도 당연히 가만히 있을 수 없었어. 그래서 마음을 모았지. 마을 사람들은 지령리 교회의 이름으로 총 82명이 대한매일신보에 성금을 보냈어.

하지만 우리나라 사람들의 단결력에 놀란 일본은 훼방을 놓기 시작했어. 일본군은 마을 사람들이 성금을 낸 예배당도 괘씸하다며 불태워 버렸어. 이와 같은 일본의 훼방으로 사람들의 노력만큼 큰 성과를 거두진 못했지만 국채보상운동은 여러 면에서 의미가 있어. 일본의 경제적 침략에 대해 우리 국민 스스로가 저항을 했다는 것과 나라를 살리기 위해서는 경제적인 자립이 중요하다는 것을 우리나라 사람들이 깨달았던 점에서 매우 중요한 의미를 갖는 운동이지.

그 후로도 일본은 대한제국을 완전히 빼앗기 위해 여러 공작을

시작했어. 고종 황제를 자리에서 끌어내리고 아들인 순종을 황제로 세운 것도 그런 이유였어. 고종 황제는 일본의 부당한 탄압을 외국에 알리기 위해 네덜란드 헤이그에 밀사를 보냈거든. 일본이 그걸 보고만 있지 않았던 거야. 결국 일본의 꼭두각시가 될 수밖에 없었던 순종은 대한제국의 군대마저 해산시켰어. 나라를 지킬 마지막 수단마저 사라지자 우리나라의 앞날은 바람 앞의 등불처럼 위태로웠단다.

나의 어린 시절은 이렇게 우리나라 역사에서 최대의 혼란기였어. 하지만 말이야. 나라가 어려워도 나는 주눅 들지 않았어. 아주 무럭무럭 씩씩하게 자랐지! 얼른 커서 나라에 필요한 사람이 되고 싶었거든. 아버지와 어머니도 내가 여자라고 집안일만 하는 건 옳지 않다고 하셨어. 열심히 배우고 공부하면 남자보다도 더 훌륭하게 나라를 구할 수 있다고 늘 내게 말씀하셨지. 평등사상을 가지신 부모님 아래에서 나는 나라와 민족을 사랑하는 아이로 성장할 수 있었어.

나는야 골목대장

해가 앞산 위에 걸리면 항상 동네를 깨우던 소리가 있었지. 얼마나 큰지 어쩌면 산 넘어 옆 동네까지 들렸을지도 몰라. 그게 무슨 소리냐면 말이야. 바로 친구들을 부르는 내 목소리였어.

"얘들아, 놀자!"

"오늘 또 놀자고?"

"그럼 노는 데에 때가 어디 있니?"

산과 들을 뛰어다니며 노는 건 언제나 즐거운 일이었어. 어릴 적에 난 정말 개구쟁이였단다. 친구들과 장난치고 놀이도 하다 보면 환했던 해가 금세 노을 속으로 잠기곤 했지. 태어날 때부터 튼튼했던 난 또래 아이들보다 몸도 빠르고 날쌨어. 옆머리를 바싹 올린 황새머리를 하고는 아이들을 이끌고 이곳저곳을 돌아다녔어. 용두리가 좁다고 느낄 만큼 많이도 다녔단다.

나는 주로 숨바꼭질, 연날리기, 팽이치기 등 아이들과 전통 놀이를 많이 했어. 사내아이들과 함께 비석치기를 하는 것도 꺼리지 않았어. 손바닥만 한 돌을 밀어서 세워진 돌을 치면 들리던 '탁' 소리는 속이 다 시원했어. 쥐불놀이도 자주 했었지. 겨울 들판에 나가 불을 놓으며 쥐를 쫓고 소원을 빌었어. 어른들 몰래 밤늦게 시냇가에 가서 놀기도 했어. 달빛이 부서지는 냇가에서 물을 텀벙거리며 모래밭을 뛰어 다녔지.

우리가 보이지 않으면 동네 어른들이 찾으러 오는 경우도 많았어. 하지만 크게 혼나지는 않았어. 왜냐하면 난 책임감도 있는 아이였거든. 아이들과 놀기만 한 게 아니라 언제나 위험하지 않게 돌보려 노력했어. 골목대장은 친구들을 끌고 다니며 자기 마음대로 하는 게 아니라 아이들이 서로 싸우지 않고 재미있게 놀 수 있게 해 줘야 한다고 생각했던 거 같아. 이렇게 말하니까 내가 굉장히 멋진 것 같지만 사실 그렇지만도 않아. 지는 걸 굉장히 싫어해서 친구였던 남동순을 귀찮게 만들기도 했거든.

동순이랑은 각시놀이를 주로 했었어. 각시놀이는 파릇파릇한 물녕개 풀을 뜯어서 사람 모양으로 만든 풀각시에다가 머리 부분을 가느다란 나무로 쪽을 찌고, 헝겊 조각으로 옷을 입힌 다음 결혼식 흉내를 내면서 노는 아이들의 놀이란다.

"동순아! 우리 누가 먼저 풀각시 만드는지 내기해 볼래?"

"좋아! 풀각시 만드는 건 내 특기니까. 지고 나서 화나 내지 마."

말이 끝나자마자 우리는 풀각시를 만들기 시작했어. 몸은 민첩했지만 손이 느렸던 난 동순이보다 풀각시를 만드는 속도가 뒤처졌지.

"것 봐! 내가 이겼지?"

동순이가 어깨를 으쓱거리며 하는 말에 나는 콧김까지 뿜으며 소리쳤어.

"한 번 더 해!"

동순이는 방긋 웃더니 좋다고 했지. 우리는 다시 풀각시를 만들기 시작했어. 하지만 이번에도 내가 또 질 것 같자 동순이가 슬쩍 양보를 해 줬어. 아마 내가 지면 또 하자고 할 걸 알았나 봐. 나는 고마운 마음을 감추며 동순이를 보고 웃었지.

"자! 어때. 이번은 내가 이겼지?"

"그래. 잘했다. 그럼 이제 신랑각시놀이 하면서 놀자."

동순이 덕분에 무승부로 끝난 우리는 서로를 바라보며 웃었어. 우리는 서로를 생각해 주는 좋은 친구였단다.

아, 맞다! 난 노래를 부르는 것도 참 좋아했어. 그런데 다른 아이들과 좋아하는 노래가 좀 달랐어. 내가 부르는 노래는 〈무쇠 돌격 청년 남아야〉와 같은 씩씩한 우국 창가였어. 우국 창가는 서양식 악곡에 맞추어 우리말 가사를 쓴 노래야. 보통 아이들은 나이에 맞는 동요를 좋아하고 불렀지만 난 우국 창가가 좋았어. 부르고 있으면 마음이 뜨거워지고 벅차올랐거든. 마치 마음속에 해가 떠오르는 느낌이었지.

내가 어린 나이에도 나라를 걱정하며 우국 창가를 부르게 된 이유는 아버지의 영향을 받았기 때문이야. 아버지는 오랫동안 유학을 공부한 한(漢)학자였어. 나라에서 상투를 자르라고 명령을 내린 단발령도 거부할 정도로 전통을 지키는 사람이었지.

아버지는 틈이 날 때마다 나에게 유학의 기본이 되는 정신을 알려줬어. 나라에 대한 사랑과 부모님과 어른을 공경하는 마음, 힘든 사람을 보면 측은해 하는 마음을 가지고, 항상 옳고 그름을 가려야 한다고 했어. 또, 여자라고 기죽지 말고 배우고 싶은 것은 맘껏 배우라고 했지. 언제나 당당하고 반듯하게 행동하면서도 어려운 사람은 배려해야 한다고도 했어. 그렇게 할 수 있으려면 평생 노력하고 자신에게 솔직해야 한다고 신신당부했었지. 난 당연하게도 어릴 때부터 아버지의 말들이 마음에 새겨졌어.

한번은 이런 일이 있었어. 동생인 인석이 친구가 우리 집까지 달려와 숨을 몰아쉬며 나를 불러 대는 거야.

"누나! 큰일 났어. 인석이가 개호주한테 두들겨 맞고 있어!"

동네에 장난이 심해서 호랑이 새끼란 뜻의 개호주라고 불리는 아이가 있었거든. 내가 너무 놀라 한걸음에 달려갔더니 인석이 머리에서 피가 철철 흐르고 있었어. 나는 무척 화가 났지만 일단 어떻게 된 일인지 따져 보았지. 알고 보니 인석이가 개호주한테 먼저 잘못을 했더라고. 머리가 깨져서 피가 나는 것도 개호주가 때려서 그런 게 아니었어. 둘이 싸우다 인석이가 넘어져 돌멩이에 부딪친 거였지. 나는 개호주에게 뭐라고 하지 않고 인석이를 데리고 집으로 왔어.

"무슨 누나가 동생 편도 안 들어 주냐!"

인석이가 투덜거렸지만 나는 가족이라고 잘못을 감싸 주는 건 옳지 않다고 생각했어.

"무조건 네 편만 들어주는 건 널 위하는 게 아니야!"

나는 인석이를 타이르며 집에 왔지만 더 큰 문제가 기다리고 있었어. 머리가 깨진 인석이를 보고 아버지랑 어머니가 무척이나 화가 나신 거야.

"개호주를 데려와라! 어떻게 아이를 이 지경으로 만들어 놓을 수 있냐!"

"그러게, 어떻게 애 머리를 피가 나도록 깨 놓을 수 있니."

나는 고개를 저으며 둘 다 잘못해서 벌어진 일이라고 설명했어.

"인석이가 먼저 잘못했어요. 연싸움하다 지고는 심술을 부렸대요. 더러운 새끼라는 욕까지 하고요. 그것도 모자라 비석치기 할 때는 비석을 숨기기까지 했대요. 그래서 개호주가 화가 난 거예요. 머리는 둘이 싸우다 혼자 넘어져서 깨진 거고요. 개호주가 때려서 머리가 깨진 게 아니란 말이에요."

내가 상황을 설명했지만 아버지의 화는 풀리지 않았어.

"넌 누나가 돼서는 어찌 그리 야박하게 따지고 드는 거냐! 어서 개호주를 데려오지 못해!"

하지만 난 물러설 수 없었어.

"아버지! 내 동생이 잘못했는데 남의 아이를 탓할 순 없어요. 전 아버지한테 그렇게 배웠는 걸요. 아버지가 그러셨잖아요. 사람은 언제나 한쪽으로 기울지 말고 시시비비를 분명히 가릴 줄 알아야 한다고요!"

그 순간 아버지의 눈빛이 변하는 게 보였어. 아버지는 잠시 멈칫하시더니 허허 하고 웃으셨어.

"내가 딸을 키우는 줄 알았더니 어느덧 그 딸이 선생이 되어 날 가르치는구나."

그리고 한쪽에 떨어져 지켜보고만 있던 우석이 오빠가 다가오더니 대견한 듯 내 머리를 쓰다듬어 줬어. 엄마도 졌다는 듯이 미소를 지었지.

"아무래도 우리 딸은 커다란 그릇이 돼서 많은 사람을 품겠구나."

난 아버지의 그런 점이 참 좋았어. 자식이라고 무조건 따르라고만 하는 게 아니라 나에게 선택할 기회와 생각할 자유를 줬어. 그리고 나라가 얼마나 소중한 것이지도 알려 줬지. 일본에 대항하여 목숨을 바친 열사들이나 의병 영웅들에 대한 이야기도 수시로 해 주었어. 그러니 내가 우리나라를 강제로 지배하는 일본을 싫어하게 된 건 당연한 일이었어.

그러던 어느 날이었어. 작은아버지가 우리 집에 들렀어.

"형님, 계십니까? 오늘은 관순이 일 때문에 왔습니다."

"무슨 일인가?"

"요즘 관순이 배움의 정도는 어떻습니까?"

"자식 자랑 같지만 혼자 한글을 깨치고 이것저것 말하는 걸 봐선 똑똑한 것 같네."

"그러면 이제 더 공부를 시켜야 하지 않겠습니까?"

"나도 그러고 싶네만 알다시피 여자아이가 배울 만한 곳이 그리 없어서 말일세."

"너무 걱정 마십시오. 교회가 있잖습니까. 교회에는 외국에서 온 선교사들이 있어서 신학문을 배울 수 있습니다. 그리고 교회는 양반이든 천민이든, 사내아이든 여자아이든 차별하지도 않습니다. 물론 관순이가 지금도 제 사랑방 교회에는 나오고 있지만 아마도 거기서보다 더 많은 것들을 배울 수 있을 겁니다."

작은아버지의 말이 끝나자 아버지가 고개를 끄덕였어.

"그 말이 맞네. 그러면 일단 관순이를 교회에 보내야겠네."

"이 기회에 형님도 교회에 다니시는 게 어떻겠습니까?"

"말씀은 고맙지만 되었네. 아들에 이어 딸도 이제 교회에 나가는데 나마저 교회에 나가면 누가 조상님께 제사를 드리겠나."

아버지는 교회에 오라는 작은아버지의 말을 거절하고 나만 지령리 교회에 보냈어. 지령리 교회는 일본군이 불태운 교회를 조인원 아저씨와 작은아버지가 마을 주민들과 힘을 모아 다시 세운 교회였지. 창문으로 내리쬐는 밝은 빛이 마음까지 환하게 해 주는 따뜻한 교회였어.

잊을 수 없는 경술년

"어서 와! 관순아 교회에 온 걸 환영해."

"정말 똑 부러지게 생겼네."

"그러게 말이에요. 여자애가 야무지기도 하지."

교회에 간 첫날 작은아버지, 우석이 오빠를 비롯해서 많은 사람들이 나를 반겨 주었어. 교회는 신기한 것 투성이였어. 지금까지 만나 보지 못한 책들, 평소에는 함께하기 힘들었던 할아버지뻘부터 코흘리개 아이들까지 똑같이 성경을 읽고 공부하는 모습까지 말이야.

교회에서 여러 사람들과 만나 이런저런 이야기를 나누면서 나는 새로운 세상에 대해 알게 됐지. 모든 사람들은 신분과 성별에 상관없이 자유롭고 평등해야 한다는 걸 말이야.

그중에서도 가장 큰 영향을 받은 사람은 미국에서 온 엘리스 샤프 선교사였어. 한국식 이름으로는 사애리시라고 불렸었지. 사애리시 부인의 남편은 공주 영명학교를 세운 사람이었어. 부인은 함께 한국에 온 남편이 죽자 미국으로 돌아가지 않고 공주 영명학교를 운영하며 영유아를 위한 보육원이나 학교를 세우는 한편, 어려운 생활 속에서도 재능이 있어 보이는 어린아이들을 교육하고 후원하는 일을 하는 고마운 분이었어. 사애리시 부인은 어린 나이에도 열심히 책을 읽고 있는 내가 신기하고 보기 좋았나 봐.

"관순아! 사람이 온 지도 모르고 무슨 책을 보고 있니?"

"『애국부인전』이요! 프랑스가 위험에 빠져 있을 때 나라를 구한 잔 다르크의 이야기에요."

"그 이야기가 그렇게 재미있니?"

"그럼요. 지금 우리나라도 일본 때문에 힘들잖아요. 저도 언젠가는 잔 다르크처럼 나라를 구하기 위해 앞장설 거예요."

사애리시 부인은 또랑또랑하게 대답하는 내 얼굴을 보고 함박웃음을 지었어.

"관순이는 참 특별한 아이구나. 영특한 눈과 자신감 넘치는 모습이 아주 보기 좋아. 관순이 같은 친구들이 많아야 나라의 미래도 밝아질 거야."

그 후로 사애리시 부인은 용두리에 올 때마다 나를 보며 웃어 주었지.

그러다가 큰일이 벌어졌어. 일본 통감 데라우치와 총리대신 이완

용이 한일합병조약을 맺어 버린 거야. 이로써 우리나라가 완전히 사라진 거지. 마지막 황제 순종은 자리를 물러난다는 퇴위 교서와 함께 일본의 왕에게 나라를 넘겼어. 이 사건은 1910년 경술년에 일어난 나라의 수치라고 해서 경술국치라고 한단다.

많은 사람들이 슬픔에 빠지고 곳곳에서 일본에 대항하는 움직임이 일어났어. 하지만 일본은 그걸 보고만 있지 않았어. 일본은 학교에서 우리나라 말과 우리나라 역사를 가르치지 못하게 했지. 강제로 일본말을 쓰게 하고 일본 역사를 가르쳤어. 거리와 학교에는 칼을 찬 일본 헌병들이 지나다녔어. 그뿐만이 아니야. 아이들이 배우는 교실에서도 칼을 찬 선생이 들어와서 수업을 했어.

일본 사람들은 우리나라 사람들을 차별했단다. 우리나라의 땅을 뺏어 가고 우리나라 사람이 작은 죄라도 지으면 일본 사람과 달리 정식 재판도 없이 직접 매를 때리기도 했어. 그야말로 자기 멋대로 다스리는 무단통치였지. 많은 사람들이 나라의 미래를 걱정했어.

"형님! 이제 어떻게 하지요?"

"지금 상황에서 우리가 할 수 있는 건 교육이야. 우리가 배우지 못해서 치욕을 당한 거야. 그러니 한 명이라도 더 많은 아이들을 교육시켜야 해."

어두운 나라 상황 속에서 아버지 생각은 분명했어. 아버지는 교육을 위해 흥호학교의 운영에 최선을 다해서 힘을 보탰어. 하지만 일본의 탄압은 점점 거세졌지. 학교 운영은 어려워졌고 우리 집 사정도 기울어져 갔어. 아버지의 걱정도 점점 커져만 갔지. 나를 더 가르치고 싶었는데 돈이 충분하지 않았기 때문이야. 솔직히 나도 공부를 더 하고 싶었지만 집안 사정 때문에 말을 하지 못했어. 그런데 내가 아무 말 못하고 끙끙 앓고 있을 때 사애리시 부인이 나타났어.

"관순아! 너 더 공부하고 싶지?"

당연히 난 크게 대답했지.

"네!"

"그러면 내가 추천해 줄 테니 서울에 있는 이화학당에 가서 공부하지 않을래?"

서울에 가자는 부인의 말에 귀가 쫑긋 서고 눈이 저절로 커지더라고. 이화학당은 우리나라에서 최초로 세워진 여자들만을 위한 학교였거든. 게다가 서울에는 온갖 신기한 것들이 많다는 이야기를 들어서 생각만 해도 설렜어. 하지만 금방 시무룩해졌지. 집안이 어려운데 어떻게 서울로 유학을 가겠어. 부인은 그런 나의 마음을 알고 있다는 듯이 따뜻한 목소리로 말을 건넸어.

"학비는 걱정 하지 않아도 돼. 내가 다 알아서 해 줄 테니까."

"정말요?"

서울에 가서 공부할 수 있게 되었다는 사실에 정말로 뛸 듯이 기뻤어. 집으로 돌아와서 제일 먼저 아버지와 어머니에게 달려갔어. 소식을 들은 아버지와 어머니도 기쁜 마음으로 유학을 허락해 주었어.

난 교비 장학생으로 이화학당에 들어가게 되었지. 사촌인 유예도 언니도 함께였어. 서울로 올라가는 천안역에서 부모님은 내 머리를 쓰다듬어 주었어. 어머니는 내가 아직 어린 나이에 서울로 떠나는 게 걱정이 됐는지 계속 눈물을 닦았어.

"나이도 어린 네가 서울까지 가서 잘 할지 걱정이구나."

"걱정 마세요. 제가 누구예요! 동네 제일가는 골목대장이었잖아요. 서울에서도 씩씩하게 잘 지낼게요. 기차 시간이 다 됐으니 이제 들어가세요."

"그래, 맞다. 우리 관순이는 어딜 가든 잘 할 거야."

"그럼요! 예도 언니가 있으니까 외로울 걱정도 없어요."

"그래. 예도는 이제 스무 살이니 어른스럽게 잘할 게다. 혼자보다는 너희 둘이 간다니 내 마음이 놓인다. 둘이 서로 의지하며 열심히 공부하렴."

어머니는 나와 예도 언니의 손을 꼭 잡아 주고는 사애리시 부인에게 인사를 했어. 마침내 기차가 출발했지. 유리창 너머로 부모님이 손을 흔들며 멀어지는 모습이 보였어. 처음으로 부모님과 헤어지게 됐지만 눈물은 마음속으로만 흘렸어. 나는 고향을 떠나는 기차 안에서 다짐했어. 서울에서 공부를 마치고 부모님께 효도하고 나라에 도움이 되는 사람이 되겠다고 말이야.

이화학당 제일가는 장난꾼

서울역에 도착하자마자 나와 예도 언니의 눈은 동그랗게 커졌어.

"언니! 저기 지나가는 사람들 좀 봐. 병천 사람들 전부 다 모은 것보다 많은 것 같아."

"정말이네. 저기 책에서만 보던 자동차도 지나간다."

우리는 태어나서 처음 보는 풍경을 보고 놀랐어.

"언니, 어떻게 무거운 쇠로 만든 게 말이나 소가 끄는 것도 아닌데 저렇게 빨리 달리지? 전차도 그렇지만 자동차도 너무너무 신기해."

"그러게 말이야. 나도 그게 제일 신기하다."

"거기다 서울은 건물도 높고 많아!"

"나도 이렇게 높은 건물들은 태어나서 처음 봐."

나와 언니는 처음 보는 모습들에 마치 꿈을 꾸는 것 같았어. 사애리시 부인은 그 모습을 흐뭇하게 바라보았지. 언니와 쉴 새 없이 서울 풍경에 대해 이야기를 나누는 동안 어느덧 이화학당에 도착했어.

교장 선생님인 프라이 선생님이 나와 예도 언니의 손을 잡으며 반갑게 맞아 주었어.

 "너희들이 이번에 보통과에 다니게 될 아이들이구나. 앞으로 잘 지내보도록 하자."

 프라이 선생님은 우리나라에 온 지 이미 20년이 한참 넘은 분이었어. 낯선 곳에 와서 긴장하던 우리는 완전히 우리나라 사람 같은 프라이 선생님의 모습에 마음을 놓았어. 프라이 선생님은 학당 여기저기와 앞으로 언니와 내가 머물 기숙사를 소개해 주었어.

 학당에는 공부를 하는 교실뿐 아니라 기도실과 세탁실, 밥을 먹을 식당도 있었어. 현대식으로 지어진 기숙사는 내가 살던 시골과 달리 전기도 들어오고 화장실도 재래식이 아니라 수세식이라서 정말 신기하고 편리했지.

 한참 동안 기숙사 곳곳을 안내하던 프라이 선생님이 언니와 나를 기숙사 방에 데려다 주었어.

 "자. 여기가 앞으로 너희가 살 방이란다. 안에 있는 친구들과 모두 잘 지내도록 하렴."

 프라이 선생님이 새 친구들을 소개시켜 주고 자리를 비우자 방 안에 있던 다른 학생들이 반가운 얼굴로 환영해 주었어.

"어서 와. 너희는 어디에서 왔니?"

"내 얼굴이 뭔가 따뜻하고 품이 넓어 보이는 게 천안 느낌이 팍 나지 않니?"

방 안에 있던 아이들이 장난스런 내 말투에 웃음을 터트렸어.

"너 정말 재미있는 애구나. 그러고 보니 천안 느낌이 팍팍 난다. 그런데 또 천안이네. 정수야 여기 너희 고향 사람 왔다. 나는 강릉에서 왔는데, 정말 반갑다."

같은 고향 사람이었던 이정수와 서명학. 김복순 등 먼저 학당에 다니고 있던 다섯 사람이 반갑게 맞아 주었어. 기숙사 방은 여러 사람이 한 방에서 자도 자리가 남을 만큼 커다랬어. 병천 친구들이 본다면 다들 와! 하고 신나게 뛰어다녔을 거야.

이화학당에 모인 우리들 모두는 나이도 다르고 다른 지역에서 올라온 친구들이었지만 새로운 공부를 배워 나라를 위하고 여성의 인권을 보호해야 한다는 마음은 같았어.

어릴 때부터 붙임성이 좋던 난 금방 아이들과 친해졌지. 아니 친해지기만 한 게 아니라 인기도 꽤 많았어. 내가 또 친구가 힘든 건 못 보잖아. 그래서 다른 친구들의 고민거리를 들어주고 힘든 일을 도와주다 보니 그렇게 되더라고.

병천에 있는 부모님을 생각하며 학교 수업도 열심히 듣고 공부했어. 매일 아침마다 하는 기도회에도 꼬박꼬박 참석해서 선생님들에게 모범생으로 인정도 받고 말이야.

하지만 늘 공부만 했던 건 아니야. 공부할 땐 눈에 불이 나도록 열심히! 장난 칠 때도 눈에 빛이 나도록 열심히! 장난하면 나를 따를 친구가 없었지. 계단을 걸어서 내려가는 대신 계단 손잡이에 엉덩이를 대고 미끄럼을 타고 내려가는 것도 좋아했어. 때때로 누구도 생각할 수 없는 대담한 장난을 벌여서 친구들을 웃기는 것도 즐거웠어. 그래서 친구들은 나를 '장난꾼'이라고 불렀어. 난 그 별명이 마음에 쏙 들었단다.

아! 이런 일도 있었어. 이화학당에서는 하루 수업이 모두 끝나고 저녁에 자기 전에 기도 종이 울리면 방 안의 학생들이 돌아가면서 기도를 하는 규칙이 있었거든. 마침 그날은 내가 기도를 할 차례였어. 한참을 진지하게 기도하던 난 기도의 마지막에 '예수의 이름으로 기도드립니다.'라고 하는 대신 '명태의 이름으로 기도드립니다.'라고 한 거야.

"뭐, 명태라고?"

"얘들아! 관순이 좀 말려 봐. 글쎄, 명태래. 명태!"

눈을 감고 엄숙하게 기도를 듣고 있던 방 친구들이 명태란 말에

갑자기 배를 잡고 바닥을 구르기 시작했어. 입을 꾹 다물고 아무리 웃음을 참으려 해도 잘 되지 않는지 곧 웃음을 터트렸지.

그때 방 바깥 복도에서는 학생들이 장난을 하지 않고 잘 자고 있는지 확인하기 위해 선생님들이 돌아다니고 있었어. 그런데 우리 방이 시끌시끌하자 선생님이 문을 열고 들어 왔어. 평소에 엄해서 호랑이 선생님으로 유명한 김란사 선생님이었어. 겉으로는 엄해 보이지만 속으로는 우리를 늘 따뜻하게 지켜봐 주시는 분이었지.

"너희들 지금 잠자리에 들지 않고 뭐하는 거야?"

선생님이 화난 목소리로 물어보자 친구들은 후다닥 웃음을 감췄어.

"앞으로 이 방은 한 달 동안 빨간 딱지를 붙여 놓고 지켜볼 거야. 그러니 조심들 해."

김란사 선생님이 나가자 친구들은 모두들 한숨을 내쉬었지. 그러더니 나에게 물었어.

"관순이 너도 참, 거기서 갑자기 명태가 왜 나오니?"

"그게. 얼마 전에 정수네 집에서 학당으로 명태가 왔잖니. 그때 너무 맛있게 먹었던 기억이 나서 말이야."

내가 머리를 긁적이자 친구들이 다시 웃기 시작했어. 하지만 이번에는 선생님이 듣지 못하게 모두들 입을 막았지.

그리고 하루는 이런 일도 있었어. 바람이 매섭게 불던 추운 겨울

밤이었어. 잠자리에 들려는데 밖에서 어떤 사람이 외치는 소리가 들리는 거야.

"만두 사세요! 금방 구워 따끈따끈한 만두가 왔어요."

그 소리를 듣는데 가만있을 수가 없었어. 나는 벌떡 일어나 친구들에게 말했어.

"애들아, 너희들 지금 이 소리 들리지 않니?"

"무슨 소리?"

"잘 들어 봐. 내 뱃속에서 만두를 달라고 하잖아. 우리 만두 사러 가지 않을래?"

그때서야 친구들은 손뼉을 치며 피식 웃었어.

"관순이 너 만두 먹고 싶구나. 그래도 지금은 너무 늦었어."

"그래, 이 밤중에 무슨 소리야?"

갑자기 만두를 사자는 말에 친구들은 고개를 저어 댔지.

"내 뱃속 님이 하는 말씀을 잘 들어 봐! 날씨가 이렇게 추운데도 만두를 파는 걸 보면 저 밖의 만두 장사는 분명히 가난한 고학생이 틀림없다. 그러니 그 만두를 팔아 줘서 우리끼리라도 좀 돕고 살자구나."

"우리 관순이 배가 우리보다 속이 깊구나."

친구들이 알겠다는 듯 고개를 끄덕이며 웃었어. 사실 당시 서울에는 지방에서 올라와 낮에는 공부하고 밤에는 만두 장사 같은 걸 해서 학비를 버는 고학생들이 많았어. 그런 사정을 알고 있던 나는 추운 겨울날 밖에서 만두 파는 소리가 들리니까 가만있을 수가 없더라고.

"그래, 관순이 네 말을 들으니 내 배에서도 막 만두를 달라고 한다. 그런데 우리가 아무리 만두를 사러 가고 싶어도 밖에서 선생님들이 지키고 있는데 어떻게 나갔다 와?"

"들키면 우리 모두 엄청나게 혼날 거야."

친구들의 고민에 난 씨익 하고 웃으며 말했어.

"너희는 걱정 마. 내가 몰래 학교 문을 열고 나갈 테니까."

난 아무도 눈치채지 못하도록 발뒤꿈치를 들고 살금살금 걸어가 문을 연 뒤에 고학생에게 만두를 샀어. 솔직히 나도 조금 긴장되더라고. 그래서 그 추운 날씨에도 등 뒤에 땀이 흐르더라.

다행히 만두를 사고 다시 문으로 가는 순간 난 덜컥하고 놀랐어. 정말이지 산 속에서 호랑이를 만난 기분이었어. 김란사 선생님이 처음부터 내가 하는 걸 다 보고 있었더라고. 선생님의 목소리가 어두운 학교에 낮게 울려 퍼졌어.

"유관순! 또 너구나. 이번엔 도대체 무슨 일이지?"

만두를 든 손이 땀에 흠뻑 젖었지만 난 선생님께 사실대로 대답했어.

"제가 어릴 때부터 아버지는 항상 불쌍한 사람을 도우라고 하셨어요. 예수님도 네 이웃을 사랑하라고 하셨잖아요."

"지금 난 모두들 자고 있어야 할 한밤중에 네가 왜 그 만두를 두 손에 들고 있는지를 묻는 거야."

"그러니까요. 전 정말이지 내일 열심히 공부할 생각을 하면서 자려고 했거든요. 그런데 창밖에서 가난한 고학생이 만두 파는 소리가 들리는 거예요. 이 추운 날씨에요. 어떻게 그걸 모른 척하겠어요. 그래서 이렇게 제 손에 만두가 쥐어져 있는 거랍니다."

내 말을 듣자 김란사 선생님의 눈초리가 부드러워졌어. 선생님도 내 마음을 느꼈던 거 같아. 역시 하관사 선생님은 속마음이 따뜻하고 깊은 분이셨던 거지.

"좋아. 이번엔 용서해 주겠어. 하지만 이번 한 번뿐이야."

김란사 선생님은 내 행동을 눈감아 주었어. 덕분에 난 만두를 가지고 가서 친구들과 맛있게 나누어 먹었단다. 추운 겨울밤의 따뜻한 추억이었지.

배우는 기쁨에서 나누는 기쁨으로

화창한 일요일이었어. 모두들 깔끔하게 빤 옷을 입고 얼굴에 분까지 바르고 이리저리 바쁘게 움직이기 시작했어. 이화학당에서는 매주 일요일에 모든 학생이 학교 바깥에 있는 정동 교회로 나가 예배를 봤어. 정동 교회는 붉은색 벽돌로 지어진 근사한 서양식 건물이란다.

"오늘따라 더 예뻐 보이네."

"오늘 얼굴에 바르려고 용돈 모아서 미분까지 샀거든."

학생들은 정동 교회에 나가 예배를 보는 것을 좋아했어. 물론 하나님의 말씀을 들으러 가는 게 제일 큰일이었지만 학생들이 좋아하는 이유는 따로 있었어. 당시 정동 교회는 우리나라에서 흔하지 않게 남자와 여자가 같은 자리에서 예배를 보는 장소였거든. 처음에는 정동 교회도 예배당 중간에 커튼을 치고 남자와 여자가 따로 예배를 보았어. 교회에 들어가고 나가는 문도 남자와 여자가 따로 있었어.

하지만 당시 정동 교회의 손정도 목사님이 남자와 여자를 한자리에 있지 못하게 하는 것은 좋지 않은 풍습이라며 커튼을 떼어 냈어. 그러다 보니 이화학당 여학생들과 근처에 있는 배재학당 남학생들이 교회에 와서 서로 얼굴을 볼 수 있게 된 거야.

생각해 봐, 평소엔 얼굴도 보기 힘든 또래 남학생을 보는 게 얼마나 신기하고 설렜겠어. 학생들 중에는 다른 학교에 다니는 학생을 마음에 두는 애들도 있었단다.

"관순이 너는 안 꾸미니? 교회에 가면 잘생긴 남학생들도 많이 온단 말이야."

"그러게 말이야. 관순이는 교회 갈 때나 평소나 늘 똑같아. 넌 교회 갈 때 설레지 않아?"

난 친구들의 말에 한쪽 눈을 찡끗했지.

"당연히 나도 기대 돼."

"어머 정말? 좋아하는 남자라도 있는 거야?"

친구들이 호기심 가득한 눈으로 쳐다봤어.

"응, 나도 좋아하는 남자를 보러 가. 하지만 다른 애들처럼 남학생이 아니라 아주 멋진 어른 남자를 보러 가는 거야."

"말도 안 돼! 누군데?"

친구들이 놀라서 물었어.

"응, 바로 그 남자는 손정도 목사님이야. 지금 나한테는 세상에서

제일 멋진 남자지. 아니, 제일 존경하는 남자라고 해야 하나. 난 목사님의 설교를 들으려고 교회에 가. 목사님이 설교 시간에 우리나라에 대한 이야기와 하나님의 사랑에 대해 말씀하실 때마다 마음이 뜨거워져."

친구들도 내 말에 다들 고개를 끄덕거렸어.

"맞아. 목사님의 설교를 들으면 나도 우리나라가 빨리 일본에게서 독립해야 한다는 마음이 들어."

모두들 맞장구를 쳤어. 손정도 목사님은 나와 친구들 말고도 많은 사람들에게 존경을 받고 있었어. 목사님은 교회에 오는 사람들에게 걸레 철학을 전했지. 비단은 없어도 사는 데 불편함이 없지만 걸레가 없으면 단 하루도 살 수 없다면서 자신은 우리 민족을 위한 걸레가 되겠다는 다짐이 바로 걸레 철학이란다. 무슨 철학이 걸레냐면서 이상하게 생각하던 사람들도 한 번 들으면 그 깊은 의미에 다들 감동을 하곤 했어. 어떤 사람들은 설교를 듣다 고개를 끄덕이며 눈물을 흘릴 정도였지.

정말로 목사님은 걸레 철학에 맞게 생활했어. 걸레가 남을 깨끗하게 닦기 위해 자기가 더러워지는 것도 마다하지 않듯이, 보이지 않는 곳에서 온갖 힘들고 험한 일을 하셨지. 목사님 덕분에 많은 학생들이 자신을 희생하는 삶이 힘들지만 얼마나 아름다운 것인지를 깨닫게 되었어. 마치 나처럼 말이야.

나와 친구들은 나라의 미래에 깊은 관심을 가지게 되었어. 그래서 이화학당 학생들의 모임인 이문회에 들어갔어. 김란사 선생님이 다른 선생님들과 함께 만든 이문회는 틈날 때마다 좋은 시국 강연을 많이 하며 학생들에게 우리나라가 처한 현실과 세계 정세에 대해 가르쳐 주었어.

선생님은 우리에게 '꺼진 등불에 불을 켜라'고 말했지. 배운 사람으로서 못 배우고 가난한 주변 사람들을 도울 책임감을 알려 준 거야. 목사님과 이화학당 선생님들의 가르침을 받으며 나와 이화학당의 친구들은 나라를 걱정하며 사랑하는 마음을 키워 갔어.

방학이 얼마 남지 않은 여름이었어. 기숙사 방 안에 친구들이 모여서 어떻게 방학을 보낼 건지 이야기를 했어.

"넌 이번 방학 때 뭐 할 거야?"

"난 서울 친척 집에 남아서 공부를 더 할 거야."

"난 고향에 가서 오랜만에 부모님께 인사드릴 거야."

친구들은 다가올 방학을 기다리며 자기들의 계획을 재잘재잘 떠

들었어.

"관순이 너는?"

"이 큰 키랑 덩치에 어울리게 멋진 일을 할 생각이야."

"멋진 일이 뭔데?"

"사촌 언니랑 같이 고향에 내려가서 마을 사람들에게 글을 가르치는 거지. 나는 한 백 명을 커다란 강당에 모아 놓고 가르쳐도 문제없을 걸. 내가 워낙 키도 크고 목소리도 우렁차서 아마 맨 뒤에 앉은 사람도 잘 보이고 잘 들릴 거야. 배워야 일본에서 벗어날 수 있어. 지금 내가 할 수 있는 걸 해야지."

"맞아! 내 생각도 그래. 나도 내려가서 사람들에게 글을 가르쳐 줄 거야."

이정수가 맞장구를 치며 고개를 끄덕였어. 그러자 다른 친구들도 그 말이 옳다며 너도나도 방학 동안 주변 사람들에게 자기들이 배운 새로운 학문을 가르치겠다고 했어. 모두들 우리가 일본에 나라를 빼앗긴 이유는 사람들이 새로운 학문을 배우지 못해서 그런 것이라고 생각했기 때문이야.

마침내 방학이 됐어. 예도 언니와 함께 기차를 타고 고향으로 내려갔지. 고향 집에 도착하자 아버지와 어머니가 마중을 나와 있었어. 아버지가 활짝 웃으며 말씀하셨어.

"어서 오너라. 마침 네 오라비 우석이도 와 있으니 모처럼 가족들이 한자리에 모이겠구나."

"그렇네요. 오늘 저녁은 특별히 맛있는 음식을 준비해야 겠어요."

오랜만에 가족이 모두 모여 먹은 저녁은 정말 꿀맛이었어. 맛있게 저녁을 먹은 뒤에 난 아버지에게 고향에 내려온 이유를 말했어.

"아버지. 저랑 예도 언니는 내일부터 교회에 가서 마을 사람들에게 글을 가르칠 거예요. 배운 걸 다시 돌려주어야 우리가 하루라도 빨리 나라를 찾을 수 있다고 배웠어요."

아버지는 크게 웃으시며 대견해 했어.

"그래. 장하구나. 그럼 내가 도와줄 게 있을까?"

"아버지는 교회에 배울 사람들을 모아 주시면 돼요."

"알았다. 그럼 내가 너희 작은아버지와 이웃 사람들에게 말해서 사람들을 모아 보도록 하마."

난 이번에는 오빠를 보며 말했어.

"멋진 유관순의 더 멋진 오빠니까 당연히 오빠도 같이할 거지?"

"서울 가서 공부만 는 게 아니라 넉살도 늘었구나. 그럼 당연하지. 네가 말하지 않으면 내가 먼저 하자고 그러려고 했다."

우석 오빠가 시원하게 대답하자 가족 모두가 박수를 치며 웃었어.

다음 날부터 우리는 무척 바쁘게 움직여야 했어. 아버지가 이웃인

조인원 아저씨와 함께 목천군 용두리, 지령리 곳곳을 돌아다니며 나에게 배울 사람들을 모아서 데려왔어. 곧 코흘리개 어린아이부터 손에 호미를 들고 온 아저씨까지 교회당에 가득 찼지.

아주 많은 사람들이 배우기 위해 모였어. 그중에는 아직 한글을 깨치지 못한 나이 많은 할머니도 있었어. 나이도 성별도 직업도 모두 달랐지만 열심히 일한 거친 손으로 모두들 마음을 모아 열심히 한글을 배웠어. 교회 예배당은 밤늦게까지 배우려는 마음들로 뜨거웠지. 모두가 힘들었지만 이 힘든 세상을 바꾸기 위해서 배워야 한다는 마음은 하나였어.

그 뒤로도 난 방학이 되면 매번 고향으로 내려와 사람들을 가르쳤어. 글공부만 가르친 건 아니야. 한글을 다 깨우친 사람들에게는 평소 손을 자주 씻어야 한다는 개인 위생 관리에 관한 것이나, 기초적인 의학 상식과 생활 지혜에 관한 지식들도 가르치기 시작했어.

난 언제나 학당에서 배운 지식을 하나라도 더 전달해 주었지. 일본이 우리나라에게 하고 있는 나쁜 짓들도 사람들에게 말해 주었어. 일본이 우리나라 사람들을 어떻게 괴롭히고 나라 살림을 망가뜨리고 있는지도 설명해 주고 말이야. 나의 말을 들은 마을 사람들은 우리나라를 지켜야 한다는 마음이 커져 갔어. 언젠가는 일본에게서 독립해야 한다는 생각도 모두의 가슴속에 차곡차곡 쌓여 갔지.

뜨거운 마음으로 대한 독립을 외쳤어

1919년이 됐어. 내가 이화학당에 온 지 4년째가 되는 해였어. 그동안 난 이화학당 보통과를 졸업해서 고등과로 진학하고 나이도 어느덧 열여덟 살이 되었지. 골목대장 유관순이 조금은 점잖아졌다고나 할까. 내가 친구들보다 머리 하나는 더 크니 머리 하나 만큼은 더 철이 들어야 하지 않겠어?

겨울방학이 끝난 지 얼마 되지 않아서 아직 바람은 차가울 때였어. 난 친구들과 손을 호호 불면서 이런저런 이야기를 하고 수다를 떨고 있었어. 그런데 갑자기 학당의 분위기가 이상한 거야. 선생님들이 창백한 얼굴로 이리저리 뛰어다니기 시작했어.

"무슨 일이지?"

"그러게 선생님들이 저렇게 당황한 모습은 처음 보는데."

"그럼 우리 알아보러 갈까?"

그때였어. 한 친구가 가쁜 숨을 내쉬며 달려오더니 심각한 표정으로 입을 열었어.

"지금 여기서 이러고 있을 때가 아니야."

"무슨 일인데 그래?"

"임금님께서 승하하셨대."

나와 친구들이 놀라서 다시 물었어.

"그게 정말이야?"

"그래. 그런데 그냥 돌아가신 게 아니라 일본 놈들이 식혜에 독을 넣었다는 거야."

"뭐라고? 이 나쁜 놈들. 도저히 가만히 있을 수 없어."

"맞아. 뭐라도 해야 해!"

고종이 세상을 떠나자 이화학당뿐만 아니라 온 나라가 슬픔에 빠졌어. 나라를 잃어버린 황제긴 하지만 그래도 일본한테 독살 당했다는 소문이 퍼지자 사람들은 화를 감추지 못한 거야. 우리나라를 관리하던 조선총독부에서는 고종이 독살이 아니라 뇌출혈로 죽었다고 했지만 그 말을 믿는 사람들은 없었어.

그동안 일본의 지배를 참으며 숨죽이던 사람들은 더 이상 참을 수 없다는 듯이 너도나도 고종이 머물던 덕수궁 앞 대한문으로 가서 조문을 하고 통곡을 했어. 서울역에는 시골에서 올라온 사람들로 가득 찼지.

나와 친구들도 이화학당에 있는 기도실로 가서 고종의 죽음을 슬퍼하며 나라를 위한 기도를 했어. 조선총독부는 고종의 장례를 빨리 해치우려고 했지. 하지만 사람들의 분노가 너무 커지자 어쩔 수 없이 40일 동안 장례를 치르도록 허락했어.

사람들이 슬퍼하고 분노하는 동안 물밑에서는 심상치 않은 움직임들이 일어나고 있었어. 당시 민족종교이던 천도교의 지도자 손병희, 기독교를 대표한 김창준, 불교를 대표한 한용운 등 우리 민족을 대표하는 33인이 모여서 고종의 장례식이 끝나는 3월 3일의 근처인 3월 1일에 우리나라가 일본에게서 독립하였다는 선언을 하고 만세를 부르려는 계획을 세운 거야.

민족 대표들은 비밀 장소에서 여러 차례 모여 어떻게 행동해야 할지를 이야기했어. 그중에는 학생들에게 영향을 미치는 사람들도 있었어. 덕분에 이화학당에도 높은 학년 학생들을 중심으로 만세 운동에 대한 이야기들이 비밀리에 흘러 다녔어.

나와 친구들도 분위기가 심상치 않은 것을 느꼈지. 앞으로 무슨 큰일이 일어날 것 같다는 생각이 들었어. 하지만 언니들은 우리에게 자세한 사정을 이야기해 주지 않았어.

하지만 난 어렴풋이 알 수 있었어. 언니들이 태극기와 무언가가 쓰인 종이들을 나르고 있는 걸 보았거든. 난 한 방에서 생활하는 친

구였던 김복순, 국현숙, 서명학, 김희자를 모았어.

"곧 있으면 큰일이 일어날 거야."

"나도 대충 들었어. 하지만 우리한테는 말을 안 해 주는 것 같아."

"상관없어. 아무도 말해 주지 않는다면 우리끼리라도 하는 거야."

"좋아. 그럼 우리 다섯은 빼앗긴 나라를 위해서 목숨을 거는 거야."

누구의 입에서 먼저 나왔는지 모르지만 우리 다섯은 나라를 위한 결사대가 되기로 굳게 마음먹었어. 아직 봉우리도 피지 않은 소녀들이었지만 우리 마음에는 이미 나라에 대한 사랑이 활짝 꽃 피고 있었던 거지.

마침내 3월 1일이 됐어. 아직 바람은 찼지만 모두의 마음은 뜨거웠어. 파고다 공원에 모인 우리 학생들은 우리나라가 일본에게서 독립했다는 독립선언서를 낭독한 후에 '대한 독립 만세'를 외쳤어. 다른 사람들도 거리에 나가 만세를 외치기 시작했지. 하지만 이화학당의 프라이 교장 선생님은 학생들이 만세 운동에 나가지 못하게 말렸어.

독이 오른 일본 헌병이 폭력을 써서 마구잡이로 학생들을 잡아갈 것을 알고 있었기 때문이야. 프라이 선생님은 일본 헌병이 피도 눈물도 없는 나쁜 사람들이라며 학생들이 안전한 곳에서 공부하기를 바랐어.

하지만 학생들은 기어코 선생님의 만류를 뿌리치고 거리로 나섰어. 당연한 일이었지. 학생들 모두의 마음은 아직 추운 날씨를 덥히고도 남을 만큼 뜨거웠으니까.

거리에는 태극기와 만세 소리가 넘쳐흘렀어. 이화학당 학생들도 학당의 담을 넘어 밖으로 나가 목청이 터지도록 만세를 외쳤지. 수많은 사람들이 거리로 나와 만세를 부르자 당황한 일본은 만세 운동을 주도한 사람들을 잡아다 가두고 폭력을 써서 사람들을 흩어지게 했어. 어쩔 수 없이 이화학당 학생들은 탑골공원에서 몸을 피해 종로 뒷골목을 통해 이화학당으로 돌아왔어.

3·1 만세 운동이 있은 다음 날로부터 일본의 감시는 더욱 심해졌어. 만세를 부르는 사람들은 남녀를 가리지 않고 다 잡아갔어. 하지만 이미 뜨거워질 대로 뜨거워진 사람들의 마음을 식히지는 못했지.

만세 운동은 끊이지 않고 계속해서 이어졌어. 그리고 3월 5일에는 학생들이 중심이 된 만세 운동이 계획되어 있었어. 나와 이화학당 친구들은 다시 만세 운동에 참가하기 위해 밤새도록 종이와 천에 태극기를 그리고 만세를 부를 준비를 단단히 했어.

그리고 나는 만세를 함께 외쳐야 한다면서 지푸라기들을 적셔서 다른 학생들 앞에서 세우기도 했어. 마른 지푸라기 하나는 세울 수 없지만 뭉치면 지푸라기도 똑바로 설 수 있다는 걸 보여 주기 위해서 였지. 나는 학생들에게 우리도 함께 뭉쳐야 한다고 했어.

마침내 3월 5일 아침이 밝았어. 우리는 다시 태극기를 들고 거리로 나섰어. 거리에는 배재학당을 비롯해서 서울에 있는 20여 개 학교의 학생들이 나와 만세를 부르고 있었어. 학생들은 더 많은 사람들과 합치기 위해 남대문 쪽으로 행진을 시작했어. 그때였어. 말을 탄 일본 헌병들이 나타났어.

"탕!"

거리에 차가운 총소리가 울렸지. 일본 헌병이 평화적인 행진을 하던 사람들에게 총을 발사한 거야. 방금까지도 함께 만세를 부르던 사람들이 총을 맞고 피를 흘리며 쓰러졌어. 사람들은 총을 쏘지 말라고 항의했지.

하지만 일본 헌병은 막무가내로 총을 쏘고 사람들을 때렸어. 내 눈 앞에서 아직 어린 남학생이 머리에서 피를 흘리고 쓰러졌어. 어떤 아저씨가 학생을 도우려고 자리에 앉는 순간 일본 헌병이 곤봉으로 아저씨의 머리를 내리쳤어. 난 눈에서 불이 나는 것 같았어. 내가 머리를 맞은 것처럼 아팠어.

사람들은 때리지 말라고 외쳤지만 일본 헌병은 듣지 않았어. 일본

헌병이 계속해서 사람들을 때리고 잡아가자 사람들이 뿔뿔이 흩어졌어. 그러자 이번에는 시장 상인들이 나서서 서로 우리들을 숨겨 주었어.

하지만 미처 숨지 못한 학생들은 일본 헌병에게 잡혀갔어. 나와 친구인 노예달, 신특실, 유점선도 다른 이화학당 학생들과 헌병 주재소에 끌려갔어. 헌병 주재소에는 다른 학교 학생들도 잡혀 와 있었지.

주재소에 잡혀간 나는 부끄러울 게 없었어.

"우리가 뭘 잘못해서 잡아 온 거죠? 잘못은 우리나라를 강제로 뺏은 일본에 있는 거 아닌가요? 어서 우리를 풀어 줘요!"

난 피를 흘리는 심정으로 외쳤지만 일본 헌병은 들은 척도 하지 않았어. 그때 프라이 선생님이 주재소에 나타났어. 프라이 선생님은 이화학당 학생들을 풀어 달라고 했어.

"지금 당장 내 학생들을 풀어 주지 않는다면 난 가만있지 않겠어요. 이 사실을 외국에 알려 국제 문제로 만들겠어요."

프라이 선생님이 미국 사람이라는 걸 안 일본 헌병은 어쩔 수 없이 나와 학생들을 풀어 줬어. 하지만 일본은 3월 10일이 되자 학생들이 다시 만세 운동을 벌이는 것이 두려웠는지 학교들에게 당분간 문을 닫으라는 휴교령을 내렸어.

다시 고향으로

이화학당으로 돌아오니 만세를 부르다 헤어졌던 친구들을 다시 만날 수 있었어.

"너도 살아 있었구나."

"관순이가 잡혀 갔다는 소식은 들었는데 이렇게 다시 보게 되니 정말 다행이야."

"맞아! 다른 학교에 다니는 한 친구는 일본 헌병이 쏜 총알에 맞아서 목숨을 잃었대."

"정말 나쁜 놈들이야! 사람들이 총에 맞아 피를 흘려도 그냥 버려두고 갔지 뭐야."

우리는 일본이 하는 짓들에 참을 수 없이 화가 났어. 하지만 별로 뾰족한 수가 없었어. 사람들을 모아서 다시 만세 운동을 하고 싶었지만 학교는 휴교령이 내려져 학생들이 모이기 힘들었어. 친구들은 고민하다가 나에게 물었어.

"관순이 넌 어떻게 할 거야?"

"어차피 지금 공부가 중요한 게 아냐. 난 사촌 언니랑 고향에 내려갈 거야. 거기서 사람들에게 일본의 짓을 알릴 거야."

주먹이 하얗게 되도록 꽉 쥐며 말하니 친구들이 고개를 끄덕거렸어.

"맞아. 우리가 지금 할 수 있는 일을 해야 해. 나도 고향으로 갈 거야."

친구들은 나와 뜻을 같이 해 줬어.

우리의 결심을 알아채기라도 한 듯이 1919년 3월 13일, 당국의 지시에 의해 기숙사도 강제로 폐쇄되었어. 난 예도 언니와, 고향이 비슷했던 이정수, 다른 친구들과 함께 기차를 타고 천안으로 내려갔어.

기차 안에서 점점 멀어져 가는 서울을 보니 며칠 전 만세 운동의 기억이 떠올랐어. 고종의 죽음, 통곡하는 사람들, 독립선언을 하는 민족 대표, 남녀노소 가리지 않고 태극기를 들고 거리로 나와 만세를 부르는 사람들, 일본 헌병의 총성에 피를 뿌리고 쓰러지는 사람들의 모습까지 말이야.

장난꾼 유관순으로 좀 더 있고 싶었는데 갑자기 다 커 버린 기분이었어. 울컥해져 앉아 있는데 문득 내 귀에 들리는 소리가 있었어. 그 소리를 들으니 힘이 나는 것 같았어.

"애들아, 너희는 지금 칙칙폭폭 하는 기차 소리가 어떻게 들리는 것 같아?"

"응. 난 동전 한 푼, 동전 두 푼이라고 들리는데."

뜻밖의 질문에 한 친구가 머리를 긁적이며 대답했어.

"아니, 내 귀에는 대한 독립! 대한 독립!이라고 들려."

내가 힘 있게 대한 독립을 말하자 친구들이 맞다며 손뼉을 쳤어. 그때부터 우리는 기차 엔진 소리에 맞춰 한목소리로 따라하기 시작했어.

"대! 한! 독! 립! 대! 한! 독! 립!"

소리가 점점 커지자 같은 칸에 타고 있던 승객들도 따라하기 시작했어. 어느새 객실에는 대한 독립 만세가 울려 퍼지고 있었어. 거기 있던 모두 다 자신들이 타고 있는 이 기차가 대한 독립이란 역으로 달려갔으면 좋겠다는 생각이 가득했을 거야. 소리가 커지자 기차를 담당하는 차장이 나타났어. 차장은 나와 친구들에게 사정을 하기 시작했어.

"이봐요! 학생들 나 좀 살려 줘. 학생들 마음은 아는데 자꾸 이렇게 하면 기차가 통과를 못해. 속으로만 하고 제발 소리 좀 내지 않으

면 안 될까?"

차장의 통사정에 우리는 소리 내는 걸 멈췄어. 하지만 잠깐이었지. 차장이 다시 자기 자리로 돌아가자 우리는 다시 대한 독립을 외쳤어. 그렇게 작은 소동이 있고 나서 열차는 천안 근처에 도착했어. 우리는 이별을 준비했어. 모두들 눈빛이 빛나고 있었지.

"관순아! 우리 언제 다시 만나지?"

"만세 부르고 우리나라가 독립이 되면 다시 만나자."

기차에서 내리며 친구들과 반드시 다시 만나자고 약속했어. 모두가 눈가에 눈물이 맺힌 채 서로를 꼭 안아 주었어.

열차에서 내린 난 서둘러 집으로 갔어. 집에는 아버지와 어머니, 작은아버지와 조인원 아저씨, 그리고 용두리 사람들이 모여서 기다리고 있었어. 3월 1일에 서울에서 일어난 만세 운동에 대한 소식을 듣기 위해 기다리고 있었던 거야. 내가 숨을 돌리고 인사를 드리자 어른들은 궁금한 걸 묻기 시작했어.

"어서 오너라. 힘든 일을 겪었다지? 무사해서 다행이구나."

"그래. 우리도 서울에서 일어난 소식을 들었다. 조금 자세하게 듣고 싶구나."

나는 어른들에게 서울에서 일어난 만세 운동에 대해 이야기해 주었어. 수많은 사람들이 태극기를 들고 거리에 나서 목이 터지도록 만세를 부른 것부터 일본이 헌병을 동원해서 수많은 사람들이 피를 흘리고 쓰러졌다는 사실을 말이야.

마을 어른들은 내 얘기를 듣고 작은 신음 소리를 내며 흐느꼈어. 많은 사람들이 희생되었다는 것이 안타까웠기 때문이야. 이야기를 마치자 아버지가 굳은 표정으로 이야기했어.

"이대로 있을 수는 없습니다. 우리도 만세 운동을 합시다."

"맞습니다. 이대로 있다가는 먼저 가신 분들께 부끄러워서 얼굴을 들 수가 없어요."

마을 사람들은 비장한 표정으로 아버지의 의견에 찬성했어. 그때 어떤 분이 물었어.

"그런데 어떻게 만세 운동을 해야 하지요?"

"그건 걱정하지 마세요. 제가 이럴 줄 알고 서울에서 몰래 다 가지고 왔어요."

말이 끝나자마자 난 짐에서 손으로 그린 태극기와 민족 대표 33인이 작성한 기미 독립 선언서를 빼서 사람들에게 보여 주었어.

"태극기가 이렇게 생긴 것이로구나."

"여기 그려진 모든 게 다 의미가 있는 거라지."

아직 태극기의 모양이 익숙하지 않았던 마을 사람들은 태극기를 보며 저마다 한마디씩 했어.

"이걸 보고 제가 태극기를 만들어서 나누어 주면 돼요."

"옳거니! 그럼 우리도 손에 태극기를 들고 독립선언을 하면 되겠구나."

"그 태극기는 우리 여자들이 사람들한테 몰래 나누어 주도록 할게요."

사람들의 이야기를 듣고 있던 어머니가 말을 거들었어.

"맞아요. 나라를 되찾자는데 남녀가 어디 있답니까. 그런 일은 우리 여자들한테 맡겨 주세요."

"머리에 인 광주리 밑에 태극기를 숨겨 놓으면 일본 헌병도 눈치

못 챌 거예요."

친구 부덕이와 예도 언니도 어머니의 의견에 찬성했어. 마을 사람들은 모두가 만세 운동을 하기 위해 하나가 되었어.

"좋소이다. 모두가 뜻을 같이 하는 것 같으니 이제 거사 일자와 장소를 잡읍시다."

"날짜는 생각한 날이 있습니다. 다가오는 4월 1일이 좋을 것 같습니다."

"특별한 이유라도 있습니까?"

"그날은 음력으로 치면 3월 1일입니다. 3·1운동의 정신을 잇는 운동이 될 수 있습니다. 게다가 그날은 아우내 장터가 열리는 날입니다. 사람들이 많이 모이는 날이니 큰 효과를 볼 수 있습니다."

누군가의 말에 모두가 일리 있는 말이라고 고개를 끄덕거렸어. 그날부터 나와 예도 언니는 태극기를 그리기 시작했어. 이화학당에서 태극기 만드는 걸 배운 게 큰 도움이 됐어. 그린 태극기는 어머니와 마을 여자들이 몰래 사람들에게 나눠 주었지.

그러던 중 반가운 소식이 들려왔어. 이웃 마을인 수신면과 성남면의 사람들도 만세 운동을 준비하고 있다는 소식이었어. 마을 사람들은 더 많은 사람들이 만세 운동을 한다고 하니 힘과 용기가 솟아난다고 했어. 서로 비밀리에 연락도 주고받았어.

그리고 4월 1일 전날 산으로 올라가 횃불 봉화를 올렸지. 어둠을 밝히며 활활 타오르는 횃불을 보며 다음 날 있을 만세 운동에 대한 마음을 다짐했어. 모두가 저마다 가슴속에 태극기를 품고는 내일이 오기만을 기다렸어.

아우내 장터의 '대한 독립 만세'

마침내 4월 1일의 아침이 밝았어. 하늘은 맑았지만 아직 날씨는 쌀쌀했지. 나는 태극기를 숨긴 광주리를 이고 품속에 있는 독립선언문을 확인한 후 주변을 살폈어. 아버지와 어머니는 벌써 준비를 마치시고 나갈 채비를 하고 있었어. 두 분은 여느 때처럼 물었어.

"관순아! 잠은 잘 잤니?"

"네. 아버지와 어머니도 잘 주무셨어요?"

난 아버지와 어머니의 얼굴을 바라보았어. 조금은 긴장한 것처럼 보이기도 했지만 표정은 평소처럼 다정하셨지. 부모님의 얼굴을 보자 왠지 마음이 아려 왔어.

"아버지! 어머니! 꼭 무사히 돌아오셔야 해요."

"그래. 너야말로 몸조심하거라."

어머니와 아버지는 오히려 나를 걱정해 줬지. 난 부모님의 뒷모습을 보면서 장터로 발걸음을 옮겼어.

장날이라 그런지 아우내 장터에는 사람들이 많았어. 장터에 도착한 우리는 처음 약속한 대로 움직이기 시작했어. 어머니는 청주 쪽에서 들어오는 장꾼들과 손님들에게 태극기를 나눠 주었고, 예도 언니와 친구 부덕이는 다른 쪽에서 오는 사람들에게 태극기를 나눠 주었어. 그리고는 오후 1시에 만세 운동을 할 것이라고 알렸지. 태극기를 나눠 받은 사람들은 주먹을 불끈 쥐며 고개를 끄덕였어.

마침내 오후 1시가 되었어. 한 사람씩 장터의 가장 넓은 곳으로 모여들기 시작했어. 사람들이 받침대를 세웠고, 난 품속에서 독립선언문을 꺼내 조인원 아저씨에게 전했지.

아저씨는 세워진 자리로 올라갔어. 아저씨는 품속에서 3월 1일에 울려 퍼졌던 독립선언서를 꺼냈어. 그리고는 결심한 듯이 한 자, 한 자 힘을 주어 읽어 나갔어.

"우리는 오늘 조선이 독립한 나라이며 조선 사람이 자주적인 민족임을 전 세계에 선언한다. 이를 세계 만국에 알리어 인류 평등의 큰 도의를 분명히 하는 바이며, 이로써 자손만대에 깨우쳐 일러, 민족의 독자적 생존의 정당한 권리를 영원히 누려 가지게 하는 바이다."

아저씨의 독립선언서 낭독이 끝나자 이번에 내가 세 가지 약속을 연달아 읽었어. 종이를 든 손이 조금씩 떨렸지만 마음은 흔들림이 없었어.

"오늘 우리의 이 거사는 정의, 인도, 생존, 번영을 위한 민족 전체의 요구이니, 오직 자유의 정신을 나타낼 것이며, 남을 배척하는 감정으로 그릇되게 달려 나가지 말라."
"마지막 한 사람까지 마지막 한 순간까지 민족의 정당한 뜻을 시원스럽게 발표하라."
"모든 행동은 질서를 존중하여, 우리의 주장과 태도를 어디까지든지 밝고 정당하게 하라."

공약 삼장의 낭독이 끝난 후 나는 숨을 한 번 크게 내쉰 다음 품에서 태극기를 꺼냈어. 그리고 온 동네가 떠내려 갈 만큼 큰 소리로 외쳤지.

"대한 독립 만세! 대한 독립 만세!"
나의 외침을 시작으로 아우내 장터 여기저기서 대한 독립 만세가 울려 퍼졌어. 우리는 감격의 눈물을 흘리며 품에서 태극기를 꺼내 쉴 새 없이 흔들었어.

장터에는 허리가 굽은 할아버지 할머니부터 아직 어린 학생들까지 많은 사람들이 나와 있었어. 그동안 일본의 압제에서 고통받던 사람들의 설움이 터져 나왔지. 봄 꽃망울이 가지에서 터져 오르듯 우리의 마음도 터져서 피어올랐지. 하는 일은 모두 달랐지만 마음은 다 하나였어.

우리는 대한 독립 만세와 일본은 물러가라를 외치며 거리를 행진했어. 목적지는 병천에 있는 헌병 주재소였지. 대한 독립 만세를 외치는 누구도 폭력을 휘두르지 않았어. 한 사람, 한 사람 그저 마음을 다해 외쳤을 뿐이야. 하지만 헌병 주재소를 담당하는 고야마는 부하들에게 언제든지 총을 쏠 준비를 하라고 시켰어.

헌병들이 사람들에게 총을 겨누고 있는 것을 본 난 덜컥하고 놀랐어. 이미 봤던 풍경이었기 때문이야. 서울에서도 일본 헌병이 총을 쏴서 많은 사람들이 소중한 목숨을 잃었던 게 방금 일처럼 떠올랐어. 난 재빠르게 달려가 일본 헌병의 총 앞에 서 외쳤어.

"우리는 나라를 되찾으려고 정당한 일을 하는데 어째서 총을 쏴서 우리나라 사람을 죽이려 하는 거죠?"

총도 겁 내지 않는 나를 보고 놀란 일본 헌병이 뒷걸음질을 치며 뒤로 물러났어. 그걸 본 사람들이 다시 대한 독립과 일본은 물러가라를 외치며 함성을 질렀어. 사람들의 기세에 질린 고야마가 더듬거리더니 권총을 빼서 사람들을 향해 들이댔어.

"당장 해산하지 않으면 쏜다!"

하지만 아무도 도망가지 않았어. 사람들은 아랑곳하지 않고 계속 만세를 불렀어. 그걸 보고 지레 겁을 먹은 고야마는 참지 못하고 방아쇠를 당겼어. 차가운 바람을 뚫고 시퍼런 소리가 '탕' 솟아올랐지.

총알은 동면 쪽에서 올라온 김구응 아저씨의 가슴에 맞았어. 하얀 옷 위로 붉은 피가 새어 나와 뚝뚝 떨어졌지. 김구응 아저씨가 쓰러지자 일흔이 넘은 아저씨의 어머니가 달려와 아들의 몸을 껴안고 통곡했어.

"뺏긴 걸 돌려 달라고 해도 잘못이냐! 이 잔인한 일본 놈들아! 우리 아들이 무슨 죄가 있다고 총을 쏘느냐. 차라리 나도 죽여라!"

아들을 껴안은 어머니의 울음소리가 피보다 붉게 사람들의 마음에 번졌어. 하지만 일본 헌병은 눈 하나 깜박 않고 김구응의 어머니도 총칼로 찔러 죽였어. 눈앞에서 모자가 같이 죽어 가는 것을 본 사람들은 끓어오르는 화를 터트리기 시작했어.

그때 아버지가 고야마에게 총을 쏘지 말라며 달려들었어. 일본 헌병은 아버지가 달려들자 총에 달린 날카로운 칼로 아버지의 머리와 옆구리를 찔렀어. 그러자 차가운 바닥에 아버지가 쓰러졌지.

마치 꿈처럼 실감이 나지 않았어. 눈앞에서 아버지가 쓰러지다니.

믿을 수가 없었어. 나는 눈앞에서 아버지의 피가 흙을 적시는 걸 봐야 했어. 하지만 난 흔들릴 수 없었어. 그건 아버지가 바라는 모습이 아니란 걸 너무 잘 아니까 말이야.

난 이를 악물고 버텼어. 태극기를 쥔 손에서 쥐가 나는 것 같았어. 주변에 있던 사람들이 더욱 화를 냈어. 총칼 따윈 두려워하지 않고 일본 헌병들을 둘러쌌지.

헌병들이 겁을 먹기 시작했어. 하지만 사람들은 일본 헌병이 한 것처럼 폭력을 휘두르지 않았어. 작은아버지와 조인원 아저씨가 쓰러진 아버지의 몸을 안고 일본 헌병에게 주재소로 가서 치료해 달라고 말했을 뿐이야.

"어떻게 사람한테 이런 짓을 할 수 있소! 우리가 총을 들었소, 칼을 들었소! 우리는 그저 피 흘리는 마음으로 외쳤을 뿐이요. 어서 우리 형님을 데려다 치료라도 해 주시오!"

겁에 질린 일본 헌병들은 작은아버지의 말을 따르는 것처럼 보였어. 하지만 주재소로 들어가자 다시 돌변했어. 거의 죽어 가는 아버지를 주재소 바깥으로 던지고 문을 잠가 버린 거야. 난 달려가서 무릎을 꿇고 아버지의 손을 잡았어.

"어떻게 이럴 수가. 이 차가운 길거리에 다친 아버지를 내던지다니. 사람이 어떻게 사람한테 이럴 수가 있어!"

마음이 무너지는 기분이었어. 난 아버지를 품에 안으며 울기 시작했어. 내 울음소리가 들렸는지 아버지가 간신히 눈을 뜨며 내 얼굴을 보았어. 그러더니 나에게 무어라고 말을 하려는 듯 입술을 움직이려 했지만 끝내 말을 하지 못하고 천천히 눈을 감았어.

아직 아버지의 몸은 따뜻했어. 난 믿을 수가 없었지. 아침까지 웃으며 인사했는데, 꼭 살아서 만나자고 약속했는데…. 아버지가 세상을 떠나자 참았던 눈물이 흐르기 시작했어. 온몸이 흔들리도록 울음소리가 터져 올라왔어.

하지만 계속 울고 있을 수가 없었어. 헌병 주재소장 고야마에게 항의하던 작은아버지와 조인원 아저씨도 일본 헌병의 총칼에 찔려 큰 부상을 입은 거야. 난 눈물을 쓱쓱 닦고 자리에서 일어났어. 그리고는 고야마에게 달려가 멱살을 잡으며 외쳤어.

"이 나쁜 놈들아! 우리 아버지를 살려 내라."

고야마는 내 힘에 밀려서 뒷걸음질을 쳤어. 그러자 고야마의 부하들이 달려와서 나를 발로 찼어. 하지만 난 거세게 저항했지. 순간 날카로운 칼이 내 몸을 찌르는 게 느껴졌어. 난 비명을 지르며 자리에 쓰러졌어. 내가 다치자 사람들이 더욱 거세게 항의했어.

고야마는 안 되겠다는 듯이 다른 곳에 구원병을 요청했어. 조금 있자 천안 철도 수비대 소속 헌병들이 달려왔어. 헌병들은 사람들을

향해 일제히 총을 발사하기 시작했지. 하얀 연기가 피어오르고 사방에서 괴물 같은 총소리가 울려 댔어. 곳곳에서 사람들이 쓰러졌지. 그때 어머니가 앞으로 나서며 큰 소리로 외쳤어.

"이놈들아! 내 남편을 죽였느냐! 나라를 뺏긴 사람의 목숨까지 뺏어 가다니! 하늘이 무섭지도 않느냐!"

일본 헌병은 어머니를 향해 또 총을 발사했어. 순간 어머니의 몸에서 피가 뿜어져 나왔어. 어머니는 그대로 바닥으로 쓰러졌어. 나를 보고 다정하게 웃어 주던 그 두 눈이 스르륵 감기는 것이 보였어. 어머니도 그렇게 숨을 거뒀지.

그 순간에는 밟히고 차인 것도, 칼에 찔린 아픔도 느껴지지 않았어. 오로지 어머니만 보였어. 언제나 바다같이 넓고 깊은 마음으로 날 이해해 주던, 날 열 달 품어서 세상의 빛을 보게 해 주신 나의 어머니, 아, 나의 어머니!

난 비틀거리며 어머니의 곁에 다가가 어머니를 안고 통곡을 했어. 눈물이 말라붙고 목에서 쉰 소리가 나도록 울었어.

'어머니, 아침에 우리 인사했잖아요. 내일은 아버지, 어머니랑 오늘 있었던 일들을 얘기하려 했어요. 우리가 얼마나 멋지게 태극기를 흔들었는지, 독립 만세를 외쳤는지 말이에요. 하지만 이제 영원히 그 소중한 목소리들을 들을 수가 없는 건가요.'

난 그렇게 순식간에 부모님 두 분을 모두 잃었어. 모든 걸 던져 버리고 싶을 만큼 슬펐지만 결코 그럴 수 없었어. 나의 부모님은 날 그렇게 가르치지 않았으니까 말이야.

4월 1일 벌어진 아우내 장터의 만세 운동은 일본의 가혹한 총칼로 많은 희생자를 내며 마치게 되었어. 공식적으로 무려 19명이 만세 운동 도중에 숨을 거두었고 30명이 큰 부상을 입었어. 알려지지 않은 희생자들도 있다는 걸 생각하면 너무나 큰 비극이었지. 그리고 그중 16명은 일본 헌병에게 체포되어 재판을 받기 위해 감옥에 갇혔어. 그중에는 나도 있었어.

감옥에서도 만세 운동을 했지

일본 헌병에 끌려가 도착한 곳은 천안 헌병대 구치소 바닥이었어. 찬 기운이 스며들어 살이 에이는 느낌이었어. 만세 운동을 하다 체포당하는 순간부터 당한 폭력 때문에 내 몸은 이미 만신창이였어. 칼로 찔린 상처에 손을 가져다 대보았어. 너무 아파서 저절로 신음 소리가 새어나왔어. 하지만 이를 악물었어. 만세를 부르다 돌아가신 아버지와 어머니를 생각하면 이 정도는 참을 수 있었어. 난 어머니 아버지의 씩씩한 딸이니까 말이야.

그때 조사를 하러 일본 헌병이 들어왔어.

"누가 이 시위의 주모자인가? 빨리 이야기하지 않으면 크게 혼날 줄 알아."

"따로 물을 것도 없소. 바로 내가 주모자요."

일본 헌병은 자기가 협박하면 내가 겁을 먹고 고분고분해질 줄 알았나 봐. 하지만 난 전혀 겁이 나지 않았어. 기대와 달리 내가 당당하

게 구니까 일본 헌병은 화를 냈어. 잠시 후 무시무시한 고문 도구들을 눈앞에 들이대며 말했어.

"독한 것. 어디 네가 이기나 내가 이기나 보자."

일본 헌병은 사람이 상상할 수 없을 정도로 잔인하게 고문하기 시작했어. 하지만 난 결코 굴복하지 않았어. 아버지와 어머니의 웃는 얼굴을 떠올렸어. 어릴 때 함께 장난치며 놀이하던 고향 친구들을, 나라를 구했던 잔 다르크를, 집 앞의 푸르던 나무를 생각했어.

그리고 이화학당 친구들과 추운 겨울날 함께 나눠 먹었던 만두의 따뜻함을 마음에 품었어. 난 괜찮았어. 견딜 수 있었어. 골목대장 때부터 이화학당의 장난꾼이던 내내 나를 키워 주었던 모든 추억들이 내 마음을 지켜 주었어.

구치소에 온 지도 열흘이 지났어. 반복되는 모진 고문에 몸은 날로 쇠약해졌어. 난 허약해 질대로 허약해진 몸으로 첫 번째 재판을 받기 위해 작은아버지와 조인원 아저씨 등과 함께 공주 지방 법원으로 옮겨졌어. 그리고 난 법정 앞에 섰어. 일본인 판사는 나를 보며 꾸짖는 말투로 물었어.

"피고 유관순은 무슨 이유로 일본 제국의 법을 어겼는가?"

"말을 똑바로 하시오. 나는 처음부터 일본 사람이 아니오."

"뭣이라고?"

"그러니 대한 사람이 일본의 법을 어기는 것은 이치에 맞지 않는 말이오."

난 검사와 재판장이 죄라고 주장하는 사실을 하나도 인정하지 않았어. 다른 사람들도 마찬가지였어. 화가 난 일본인 판사는 나에게 징역 5년을 선고했어. 재판을 보러 온 마을 사람들이 모두 한숨을 내쉬었어. 함께 잡혀간 16명 중에 조인원 아저씨와 함께 가장 무거운 형량이었어. 누구도 해치지 않았고 폭력을 쓰지 않았는데도 징역을 5년이나 내린 건 유래가 없는 판결이었어.

뿐만 아니라 더 슬픈 건 우석 오빠도 공주에서 만세 운동을 하다 잡혀 와서 징역 6월을 선고 받았다는 거야. 죄수들이 쓰는 통인 용수를 쓰고 감옥으로 가는 길에 머리에 씌어진 통 틈으로 오빠가 보였어. 난 있는 힘을 다해 오빠 쪽으로 갔어.

"오빠, 나 관순이야."

오빠는 나를 보더니 눈물을 글썽거렸어.

"내 동생 장하다. 힘들어도 잘 견뎌야 해. 부모님은 괜찮지?"

난 목메어 울먹이는 소리로 오빠에게 입을 열었어.

"마, 만세를 부르다 두 분 다 헌병들 손에 돌아가셨어."

"뭐라고? 부모님이…."

오빠가 쓴 용수 속에서 울음이 삼켜지는 소리가 들렸어.

"그, 그렇구나."

오빠는 말을 더 잇지 못했어. 나는 다시 헌병들에게 끌려갔지. 오빠는 점점 멀어지는 나를 보며 외쳤어.

"관순아, 견뎌야 한다. 그래야 좋은 날도 보는 거야."

난 오빠를 돌아보며 고개를 크게 끄덕거렸어.

공주에서 1심 재판이 끝나고 얼마 후 나는 2심 재판을 받기 위해 서울로 압송됐어. 2심 재판은 대부분 1심 재판보다 가벼운 형을 받는 경우가 많았어. 나와 다른 사람들도 마찬가지로 징역 5년에서 3년으로 형이 줄어들었지.

그렇지만 3년 형도 정당한 결과는 아니었어. 그래서 조인원 아저씨를 비롯한 사람들은 2심의 결과도 인정할 수 없다며 최고 법원에 다시 재판을 하라고 신청했어.

하지만 난 재판을 신청하지 않았어. 어차피 최고 법원도 일본이 하는 재판이었으니까. 일본이 결정하는 재판은 무엇이든 난 결코 인정할 수 없었어. 그리고 일본의 지배 아래에서는 어딜 가도 감옥이나 마찬가지였으니까.

재판을 포기해서 징역 3년이 확정된 난 서대문형무소로 옮겨졌어. 서대문형무소는 김구 선생님을 비롯해 수많은 독립운동가들을 고통스럽게 가두어 놓은 감옥이었어. 서대문형무소는 죄수들이 있는 공간에 일부러 볕을 잘 들지 않게 해서 바닥이 늘 축축하고 어두웠어. 그래서 상처가 있는 사람들은 쉬이 낫지 않았지.

구치소에서 고문을 받아 몸이 엉망이 된 나에게 서대문형무소의 환경은 지옥 같았어. 상처가 아물기는커녕 벌어진 상처가 물을 먹는 거 같았거든. 게다가 재판을 거부한 것이 일본 간수들에게 알려져 감옥에서도 고문을 받았어. 밥도 일부러 거르고 안 주며 차별을 하더라. 하지만 난 굴하지 않고 감옥에서도 가끔 대한 독립 만세를 외쳤어.

그나마 불행 중 다행인 건 감옥에서도 마음을 터놓고 지낼 사람들이 있다는 거였어. 개성에서 3·1운동을 주도하다가 징역 1년 6개월을 선고받고 잡혀 온 어윤희 선생님과 대동단 소속으로 11월에 만세 운동을 벌이다 잡혀 온 이신애 선생님 같은 분들이었지. 두 사람 다 나보다 나이가 많아 난 언니나 어머니처럼 여기고 따랐어. 두 사람도 나처럼 감옥에서 수시로 만세를 부르다 간수에게 고문을 당하기 일쑤였지.

3·1 만세 운동이 벌어진 지 1년이 되어 가는 날이었어. 나와 어윤희, 이신애 선생님은 비밀리에 만세 운동을 하기로 계획했어. 1920년 3월 1일 오후 2시에 3·1운동을 기념하여 옥중에서 만세 운동을 벌이기로 한 거야. 만세 운동을 하면 잔혹한 고문이 기다리고 있다는 걸 알았지만 난 전혀 겁이 나지 않았어. 나의 마음은 이미 감옥을 벗어나 나를 키워 준 추억들이 지켜 주고 있었기 때문이야. 나의 각오를 보며 두 선생님은 고개를 끄덕거렸어.

어윤희 선생님은 죄수들의 감방에서만 통하는 통방이라는 비밀 신호를 사용해서 총 17개의 여자 감옥에 신호를 전달했어. 그러자 모두 참여하겠다는 신호가 들려왔어. 일본의 잔인한 고문에도 불구하고 우리나라의 여자 독립운동가들은 이렇게 용감했단다. 햇빛이 들어오지 않는 감옥도 우리에겐 아무 의미 없었어. 우리들의 마음속은 대낮처럼 환했으니까 말이야.

마침내 그날이 되었어. 오후 2시를 알리는 종이 울리자 난 대한 독립 만세! 라고 큰 소리로 외쳤어. 이 소리를 신호로 서대문형무소의 여자 감방에서 일제히 대한 독립 만세가 울려 퍼졌어.

만세 소리는 벽을 넘어 남자들이 갇혀 있는 곳까지 들렸어. 그러다 보니 남자 감옥에서도 대한 독립 만세가 들려왔어. 소리가 점점 커져 서대문형무소 바깥까지 들렸지. 그러자 이번에는 거리에서도 대한 독립 만세가 들리기 시작했어. 뜻하지 않은 만세 운동에 놀란 일본은 기마 헌병까지 보내서 간신히 만세 운동을 해산시켰어.

일본 간수는 만세 운동이 시작된 여자 감옥으로 와서 수색을 시작했어.

"이번 사건의 주모자가 누군지 말해. 그렇지 않으면 하나도 빠짐없이 모두 고문을 하겠다."

그러자 감옥 안에 있던 모든 사람이 하나도 빠짐없이 자신이 주모자라며 소리를 질렀어.

"좋아! 그렇게 나온다 이거지. 그럼 모두 각오해라."

모두가 자신이 주모자라 하자 화가 난 간수가 고문을 시작했어. 고문은 형무소의 골칫거리였던 나와 이신애 선생님에게 집중되었어. 간수는 몽둥이와 발로 우리 둘의 몸을 마구 때렸어. 그 모습을 본 다른 사람들이 차라리 자기를 때리라며 소리를 질렀어.

잔혹한 고문을 받는 동안 이신애 선생님과 나는 둘 다 기절을 하고 말았어. 일본 간수는 우리를 실어 의무실로 보냈어. 진찰 결과, 난 모진 매질로 방광이 다 터진 상태였어. 이신애 선생님은 가슴이 파열되었고 말이야. 우리가 실려 간 뒤로도 일본 간수는 감옥에 갇힌 다른 독립운동가들을 고문하고 때렸어. 하지만 누구도 일본의 압박에 굴하지 않았지.

내 마음은 언제나 너희 곁에 있어

옥중 만세 운동을 벌인 지도 한 달이 지나 4월이 되었어. 고종의 아들 영친왕이 일본의 황족과 결혼을 한다는 소식이 들려왔어. 일본은 우리나라 사람들의 환심을 사기 위해 감옥에 갇힌 사람들의 형을 절반으로 감해 주는 특별사면을 내렸어.

이 사면으로 옥중에서 만세 운동을 함께 했던 어윤희 선생님과 나와 같이 아우내장터에서 만세를 부르던 사람들이 풀려나게 되었어. 불행 중 다행이었지. 하지만 난 특별사면에도 불구하고 감옥에서 나가지 못했어.

"관순아! 너만 남겨 두고 우리만 감옥을 나가게 되니 정말 마음이 아프구나."

"아니에요. 독립이 되면 반드시 다시 만날 수 있을 테니까 걱정 마세요."

난 언제나처럼 씩씩한 목소리로 대답했어. 하지만 잔혹한 고문으로 입은 상처를 제때 치료 받지 못해서 내 몸은 무너져 가고 있었지. 그래도 난 언제나 웃으려 노력했어. 내 그런 마음을 안 사람들은 눈물을 흘리며 나를 뒤로 하고 감옥을 나갔어. 혼자 남은 난 감옥에서 외로움과 싸우며 쓸쓸한 시간을 보냈지.

그러던 어느 날 반가운 사람들이 왔어. 휴교령이 풀리자 내가 감옥에 있다는 소식을 들은 이화학당 선생님들과 우석이 오빠가 함께 면회를 온 거야. 반가운 마음과는 다르게 난 이미 사람들을 반길 힘조차 없었어. 간신히 말을 잇는 내 모습에 오빠와 이화학당 선생님들은 놀라움과 슬픔을 참지 못했어. 화가 난 선생님은 일본 간수에게 항의했어.

"어서 병원으로 옮기지 않고 뭐하는 겁니까?"

하지만 일본 간수는 내가 중한 죄를 지은 죄인이기 때문에 그대로 놔둬야 한다고 말했어. 선생님들과 오빠가 아무리 빌어도 마찬가지였어. 그렇게 아픈 몸에도 불구하고 난 그대로 차가운 감옥에 남겨졌지.

시간이 흘러 다시 몇 달이 지났어. 이화학당에는 내가 곧 돌아온다는 소문이 돌았어. 학당의 선생님들이 손을 써서 나올 수 있다는 거였지. 이 소식에 나와 가장 친했던 결사대 친구들은 신이 났었대.

"이제 얼마 안 있으면 관순이를 다시 볼 수 있어. 우리가 무얼 하면 좋을까?"

"감옥에서 잘 못 먹고 못 입었을 테니까 예쁜 옷핀이나 머리핀을 사서 선물로 주는 게 어때?"

"좋은 생각이야. 그러면 내가 그동안 아껴 놓았던 용돈을 내놓을 테니까 너희들도 내."

"알았어."

친구들은 곧 나를 볼 수 있다고 믿었지. 하지만 친구들의 기대는 산산이 부서졌어. 친구들 사이에 떠돌던 소문과 달리 난 감옥에서 나올 수 없었어. 나는 여전히 아무런 치료도 받지 못하고 몸은 점점 아파만 갔어. 내가 갇혀 있는 감옥이 점점 어두워져 나를 죄어 오는 것 같았어. 더 이상 눈을 뜰 힘도 없었지.

난 가만히 누워 눈을 감았어. 내 마음은 좁고 어두운 감옥을 벗어나 옛날로 달려갔지. 동네가 떠내려가게 울면서 태어났다던 그날이 어땠을까 그려 보았어. 어린 시절 친구들과 개울가에서 놀던 것도 떠올랐어. 예도 언니와 열차를 타고 서울로 올라오던 때는 참 설렜던 것 같아.

이화학당서 만난 친구들과 정말 후회하지 않을 만큼 열심히 공부하던 시절도 그리웠어. 나에게 깨달음을 줬던 손정도 목사님과 이화학당 선생님들 덕분에 이 어려운 시대에 배운 사람이 어떻게 살아야 하는지도 깨달았으니까.

난 정말이지 후회 없이 내가 할 수 있는 걸 했어. 다시 생각해도 잘한 일이야. 그리고 이름만 불러도 눈물이 흐르는 나의 사랑하는 아버지와 어머니!

나를 낳아 주고 가장 중요한 것들을 가르쳐 주신 내 부모님을 생각했어. 부모님은 목소리 크고 덩치만 커다란 골목대장을 귀히 여겨 주고, 남자와 여자를 차별하지 않고 모든 걸 다 주었어.

생각하면 난 참 복 받은 아이야. 빼앗긴 나라에서 여자로 태어났지만 사랑받고 자랐고 배우고 싶은 만큼 배웠어. 난 두 분이 언제나 자랑스러웠어.

사랑하는 가족과 친척들, 선생님들과 친구들도 언제나 나를 기쁘게 했어. 그 모든 시간들이 나를 키웠고, 나를 강하게 만들어 줬지. 그래서 흔들리지 않을 수 있었어. 내가 웃었던 시간을 남들에게 돌려줄 수 있었어. 나라를 위해서 태극기를 흔들고 만세를 외칠 수 있었어. 일본 사람들 앞에서 떳떳할 수 있었고 옳지 않은 일에 바른 말을 할 수 있었어.

자꾸 내 몸이 바닥으로 가라앉는 거 같아. 더 이상 힘이 빠지기 전에 이 말을 꼭 하고 싶어. 모두들 고마워요. 나를 사랑해 줘서…. 그 힘으로 후회 없이 내 믿음대로 살 수 있었어요. 정말 고마워요.

류영하 교수님과 알아보는
당시의 생활상과 유관순 이야기

1. 유관순이 살던 마을에는 친척들이 많이 있는데 왜 그런 거예요?

지금은 시골에 가야 간신히 볼 수 있는 풍경이지만 당시 우리나라에는 집성촌(集姓村)이 많았어요. 집성촌이란 같은 조상을 둔 후손들이 한곳에 모여 사는 마을을 말해요.

집성촌에 모여 사는 사람들은 모두 같은 성씨(姓氏)를 가진 친척들이기 때문에 서로서로 매우 친하게 지냈어요. 서로의 생활환경도 비슷하고 아기의 출산뿐 아니라 결혼이나 제사, 장례식 등 집안에 큰일이 있을 때마다 친척들끼리 모여 서로 돕는 일이 많기 때문에 공동체 의식을 가지고 친척들 사이에 결속력이 좋았어요.

유관순(柳寬順)이 태어난 병천의 고흥 유(柳) 씨 집성촌도 마찬가지였어요. 고흥 유 씨는 대대로 나라에서 높은 벼슬을 한 집안이고 남다른 조상님들이 많았어요. 그래서 서로 간에 유대 의식이 강했고 남다른 자부심과 나라를 사랑하는 마음도 강했어요. 만세 운동 당시에 유관순의 친척들과 마을 사람들이 유관순과 함께 독립운동(獨立運動)에 많이 참여한 것도 이러한 이유 때문이에요.

▲ 유관순 열사가 다니던 매봉교회(왼쪽)와 유관순 열사가 태어난 병천의 생가生家(오른쪽)

2. 그때 어린이들은 주로 뭘 하고 놀았나요?

옛날에는 지금과 달리 컴퓨터나 텔레비전 같은 것이 없었기 때문에 아이들은 거의 바깥에서 놀았어요. 요즘에는 핸드폰이나 컴퓨터 게임으로 혼자 노는 경우가 많은데, 사실 성장기의 아이들에게는 밖으로 나가 친구들과 뛰어 노는 것도 매우 중요한 일이지요. 친구들과 어울려 몸을 움직이며 뛰어 놀다 보면 사회성(社會性)도 자연스럽게 몸에 익히고 건강에도 큰 도움이 됐을 거예요.

당시 놀이들 중에는 손바닥 크기의 비석을 세워 놓고 조금 떨어진 곳에서 돌을 던져서 넘어뜨리는 비석치기나 동전에 종이를 묶어서 제기를 만들어 차는 제기차기, 작은 돌멩이들을 손으로 던지고 받는 공기놀이처럼 지금 어린이들도 재미있게 노는 놀이들이 있었어요.

▲ 어린이들이 갖고 놀던 제기

그리고 바람에 종이로 만든 연이나 바람개비를 날리기도 하고, 지금은 술래잡기라고 부르는 엄목유희(掩目遊戲) 등이 인기 있는 놀이였어요. 아이들끼리 개울이나 시냇가로 나가 물고기를 잡는 놀이인 어락(魚樂)도 빼놓을 수 없는 신나는 놀이였지요.

97

어린이들이 좋아하는 장난감도 있었는데 남자 아이들은 작은 활과 화살, 그리고 지푸라기로 만든 허수아비를 가지고 놀고, 여자 아이들은 풀이나 종이로 자신만의 인형(人形)을 만들어서 놀거나, 흙으로 작은 그릇들을 만들어서 소꿉놀이를 하는 것을 좋아했어요.

유관순이 친구와 함께한 풀각시 놀이도 인형을 가지고 노는 놀이 중의 하나였어요. 하지만 여러 가지 인형 놀이들 중에서 가장 인기가 많았던 건 오뚝이(부도옹, 不倒翁)였어요. 오뚝이는 종이를 풀로 쑤어서 몸통을 둥글게 한 사람 모양의 인형이에요. 당시의 어린이들은 오뚝이의 둥근 몸통에 진흙을 채워서 뒤뚱뒤뚱 흔들리지만 쓰러지지는 않게 했지요.

3. 여자아이들은 어떻게 학교에 다녔나요?

1884년 최초의 근대식 학교 원산학사(元山學舍)가 생기기 전까지 어린이들은 서당이나 가정에서 한학(漢學) 위주의 교육을 받았어요. 그러다가 1895년 갑오개혁(甲午改革)으로 지금의 초등학교에 해당하는 소학교 설치령이 발표되면서 나라에서 어린아이들에게 산수나 지리 같은 근대식(近代式) 교육을 시작하게 돼요. 근대식 교육을 통해 나라의 미래를 밝히려는 생각이었지요. 그리고 한문(漢文)을 가르치는 서당 또한 여전히 남아 있었어요.

그때는 여성에게는 교육을 시킬 필요가 없다는 남녀 차별이 여전히 심한 시대였어요. 그래서 여자아이들은 학교에 보내지 않는 경우가 많았어요. 어떤 때는 여자아이들이 남장을 하고 교육을 받으러 가는 경우도 있었어요.

하지만 차츰 이화학당을 비롯해서 여자들만 다니는 학교들이 세워지게 되었고, 남녀 차별에 대한 사람들의 생각도 점점 바뀌어 가면서 여자들도 조금씩 신식 교육을 받게 되었어요.

유관순도 부모님과 친척들이 당시 다른 사람들보다 깨인 분들이라 다른 여자들보다 일찍 신식 교육도 받고 서울로 유학을 가게 된 거예요. 그런 부모님과 친척들의 영향을 받은 유관순은 누구보다도 인간(人間) 평등과 남녀평등 의식이 강했지요.

4. 학교에서는 어린이들에게 뭘 가르쳤나요?

당시 아이들이 배우는 수업 내용은 지금의 도덕과 비슷하게 몸가짐을 바르게 하는 법을 배우는 수신(守身), 우리 글자를 배우는 습자(習字), 문장을 짓는 작문(作文), 계산하는 법을 배우는 산술(算術) 등이 있었어요.

그 외에 우리나라의 지리와 역사, 미술, 외국어 등을 배우고 여자아이의 경우에는 특별히 재봉 수업에서 바느질을 배우기도 했어요. 이후 일본이 우리나라를 강제로 지배하면서 우리 역사를 배우는 것이 금지되고 일본 역사와 일본어를 배우게 돼요.

배재학당 같은 신식 학교에서는 몸을 건강하게 하는 체육도 배웠어요. 을사조약(乙巳條約) 이후에는 앞으로 벌어질 위기 상황에 대비해 군사훈련과 비슷한 체조를 배우기도 했어요. 달리기, 축구, 야구와 같은 서양식 운동경기도 그때부터 우리나라에서 시작되었어요.

여자의 경우에는 처음 체조를 시작했었는데, 손을 들고 펄쩍 뛰는 것이 당시의 풍습과 맞지 않는다고 해서 학생들을 학당에 보내지 않거나, 체조를 배우는 학생들과는 결혼을 하지 않기로 하는 사람들도 있었어요. 나라에서 문서를 보내 여학생들의 체조를 금지시키는 등 지금에는 상상도 할 수 없는 일들이 많았어요. 하지만 여학생들을 위한 체조는 계속되었고 나중에는 여자들이 단체로 꽃놀이를 나가는 등 여자들의 권리가 조금씩 나아졌어요.

5. 그 시절엔 어떤 책들이 인기가 많았나요?

그 시절은 일본의 침략으로 나라가 매우 어려운 때였어요. 그래서 사람들 사이에서는 어려운 나라를 구하는 사람들의 이야기를 다룬 역사 전기 소설을 많이 읽었어요.

유관순이 어린 시절에 자주 읽던 『애국부인전(愛國夫人傳)』은

프랑스를 위기에서 구한 잔 다르크를 다룬 이야기였어요. 당시 역사학자이던 단재(丹齋) 신채호 선생님도 이탈리아 통일을 이룬 세 명의 이야기를 다룬 『이태리 건국 삼걸전(伊太利建國三傑傳)』을 번역하고, 『을지문덕(乙支文德)』, 『이순신전(李舜臣傳)』, 『최도통전(崔都統傳)』 같이 나라에 위기가 닥쳤을 때 외적을 물리친 우리나라의 영웅들을 다룬 소설을 남겼어요.

그 밖에 1908년에 최남선 시인이 청소년 잡지 『소년』을 펴내면서 『걸리버 여행기』, 『이솝우화』, 『안데르센』 같은 동화들이 나오게 되었어요. 조금 더 시간이 흐르고 1923년에는 방정환 선생님이 어린이들을 위한 잡지 『어린이』를 펴내면서 어린이들을 위한 문학이 더욱 활발해졌지요.

6. 그때 사람들은 어떤 노래들을 불렀나요?

그 시절엔 오래전부터 내려오는 노래들과 새로이 전래되는 노래들이 함께하는 시기였어요. 전통에 익숙한 어른들은 판소리를 즐기거나 잡가(雜歌)라고 해서 지금의 민요와 비슷한 노래들을 자주 불렀어요. 새로운 것을 받아들이는 것이 빠른 젊은 사람들은 창가(唱歌)라고 해서 가사를 우리말로 쓰고 멜로디는 주로 서양의 찬송가에서 가져온 신식 노래를 부르고 다녔어요.

당시 창가는 유관순이 부르던 〈돌격 청년 남아야〉나 배재학당 학생들이 불렀다는 〈애국가〉 일명 〈무궁화 노래〉와 같이 위기에 처한 나라를 걱정하는 가사들이 많아서 우국 창가(憂國唱歌)라고 불리기도 해요. 창가는 점차 학교의 교가, 독립군가로 발전하면서 나라 사랑하는 마음과 우리 민족의 자립심을 세우는 노래로 유행하게 되었어요.

7. 1910년에 나라를 빼앗기면서 무단통치가 되었는데 무단통치는 어떤 모습이었어요?

무단통치(武斷統治)란 정당한 법을 통하여 다스리는 것이 아닌 무력을 통해 강압적으로 다스리는 통치를 말해요. 경찰 대신 군인인 헌병을 동원하여 사람들을 통제하여 나라 전체를 공포 분위기로 만들어서 복종을 하게 만드는 거예요.

헌병들은 우리나라 사람들이 사소한 잘못이라도 하면 재판을 받지 않고 자기 마음대로 벌을 줄 수 있는 즉결처분권이 있어서 사람들이 무서워했어요. 처분 중에는 일본인이 아닌 우리나라 사람에게만 해당하는 태형(笞刑)이라는 것이 있어서 사람을 마구 때리기도 하는 대표적인 차별 정책이었어요.

또한 학교 선생님들도 대부분 일본인으로 바뀌고 선생님들이 수

▲ 덕수궁 앞의 시위 군중

업 시간에 칼을 차고 들어오게 하여 학생들이 선생님에게 복종하게 하였어요. 또한 헌병에게는 일부러 우리나라 사람을 헌병 보조원으로 붙여서 헌병에게 협조하게 하여 우리 민족끼리 분열하게 만들기도 했어요.

　무단통치로 사람들이 더욱 더 일본에 대하여 분노하게 되고 그 분노가 나타난 것이 바로 3·1운동이에요. 3·1운동 이후 일본은 이대로는 안 되겠다 싶어서 무단통치를 포기하고 헌병 대신 경찰을 투입하여 문화 통치로 정책을 바꾸게 되어요. 하지만 문화 통치 역시 일본의 압제는 변함이 없었고, 1940년대 이후에는 아예 우리 민족을 없애려는 민족말살정책(民族抹殺政策)으로 바꾸었어요.

8. 밤에 만두 파는 사람들은 뭐하는 사람들이에요?

당시 서울에는 유관순처럼 시골에서 서울로 공부하러 온 학생들이 많이 있었어요. 그중에는 유관순처럼 장학생으로 학비를 면제받은 경우도 있었지만, 돈이 넉넉하지 못해서 낮에는 공부를 하고 밤에는 물건을 팔거나 남의 일을 돕는 지금 식으로 말하면 아르바이트를 하면서 학비와 생계비를 대는 어려운 형편의 학생들이 많았어요.

이 사람들을 고학생이라고 해요. 고학생들은 남자의 경우 주로 야간에 거리로 나가 궤짝을 짊어지고 만두를 팔러 다니거나 신문이나 잡지를 배달하고, 또는 약을 팔러 다니기도 했어요. 여학생들의 경우에는 남의 옷을 수선해 주는 삯바느질이나 뜨개질로 학비를 벌었어요.

그래서 사회적으로 어려운 처지에도 열심히 공부하는 고학생들을 돕자는 분위기도 있었어요. 고학생들이 열심히 공부해서 나라의 미래를 밝게 해 줄 것이라 믿었기 때문이에요. 유관순이 고학생들을 돕기 위해 만두를 사러 가는 것도 이런 이유였어요.

3·1 운동 이후에 고학생들의 모임이 생겼는데 남자 고학생들의 모임이 갈돕회였어요. 갈돕회는 가을에 갈한(추수한) 것을 모아 서로 돕자는 뜻이에요. 갈돕회에서 파는 만두가 갈돕만두라는 이름으로 인기를 끌었어요.

9. 그때도 지금처럼 아이돌 같은 스타가 있었나요?

물론이에요. 그때도 지금이랑 비슷해서 노래 잘 부르고, 연기를 잘하는 사람이 스타였어요. 노래의 경우 판소리나 잡가를 잘 부르는 사람이 인기가 많았어요.

판소리 명창 중 이동백이라는 분은 임금에게서 벼슬도 받았어요. 잡가 가수 중에 박찬제란 분은 임금이 궁에 불러 노래를 들을 정도로 인기가 많았어요.

그 밖에도 광무대나 단성사와 같이 극장들이 생겨나면서 그 안에서 연기를 하는 배우나 지금으로 치면 개그맨과 비슷하게 재미있는 이야기를 전해 주는 재담꾼들도 인기가 많았어요. 다른 나라의 연극을 우리식으로 번안한 신파극에 출연한 배우들도 사람들의 사랑을 받았어요.

10. 그 시절 학생들이 교회에 가는 걸 좋아했던 이유는 뭐예요?

그 시절엔 남자와 여자가 엄격히 구별되어 있어서 집안 어른들이 결혼 상대자를 정해 주기 전에는 남자와 여자가 사귀는 것은 흔한 일이 아니었어요. 하지만 시대가 바뀌면서 여자의 사회활동이 많아지자 남자와 여자가 자유롭게 사귀는 것이 천천히 시작되었어요.

남자와 여자가 자연스럽게 만나기 쉬웠던 곳이 교회였어요. 당시 정동 교회에서는 남녀가 같이 예배를 보았고, 풍금 소리에 맞추어서 남녀 학생이 찬송가를 불렀어요. 그래서 서로의 얼굴과 목소리를 알게 되고, 마음이 있는 사람에게 몰래 편지를 보내는 경우도 있었어요.

사람들에게 잘 보이고 예뻐 보이기 위해 우리나라 최초의 화장품인 '박가분'을 바르기도 했어요. 그래서 당시 사람들은 교회에서 예배는 안 하고 연애를 한다고 해서 연애당이라고 부르기도 했어요.

하지만 그게 다가 아니에요. 교회에 가는 정말 중요한 이유들이 있었어요. 아직 개화(開化)가 완전히 이루어지지 않은 시절, 교회는 새로운 세상을 배우는 통로가 되어 주었어요. 인간 평등사상이나 박애(博愛) 정신을 가르치기도 했지요. 또한 새로운 문화에 대한 이야기를 듣는 공간이자 인간에게 이로운 이상향을 꿈꾸게 해 주는 곳이었어요.

11. 유관순 하면 한복이 떠오르는데 당시 사람들은 어떤 옷들을 입고 다녔나요?

당시는 전통적인 한복(韓服)에서 점차 서양식으로 옷차림이 변해 가는 시기였어요. 시골에서는 거의 한복을 입었지만 조정의 고관(高官)이나 부자들은 활동하기 편한 양복을 많이 입었어요. 한복의 경우도 도포나 창의 등 다양한 옷차림에서 개량 두루마기 하나로 간소화되었어요.

　여성의 경우는 남성보다 양복을 입는 게 늦었지만 그래도 옷차림이 많이 변했어요. 이화학당이나 배화학당을 중심으로 다른 사람들로부터 얼굴을 가리는 쓰개치마나 장옷을 벗게 되었고 대신 양산 같은 걸로 점차 바뀌어 갔어요. 쓰개 벗기는 여성 차별이 조금씩 사라지고 있다는 신호였어요.

▲ 이화학당 시절 유관순(뒷줄 맨 오른쪽)과 친구들

　그리고 여성이 입는 치마와 저고리도 조금 더 편하게 바뀌었어요. 통치마는 끈을 달아 어깨에 걸쳐 입게 만들어 가슴을 조이지 않아도 되는 편한 옷이었어요. 길이도 발목까지 오게 해서 바닥에 끌리지 않게 했어요. 유관순이 즐겨 입은 옷도 이런 하얀색 통치마에요.

12. 만세 운동을 하기 위해 특별히 아우내 장터를 택한 이유가 있나요?

옛날에는 지금의 마트처럼 언제 가도 모든 물건을 살 수 있는 곳이 없었어요. 대부분의 사람들이 농사일을 해야 하기 때문에 시간을 내어서 물건을 파는 것이 쉽지가 않았어요. 그래서 특별한 날을 정해서 사람들이 모였어요.

이날에는 모든 사람이 남는 물건을 팔고, 필요한 물건을 사기 위해 나왔어요. 이걸 장(場)이라 하고 장이 열리는 곳을 장터라고 불렀어요. 장터는 많은 사람들이 모이는 작은 축제이기도 했어요.

장은 보통 5일에 한 번 또는 7일에 한 번씩 열리곤 했어요. 장에서는 소, 닭 같은 가축에서부터 참빗, 바구니와 같은 생필품, 떡이나 국밥, 엿 같은 먹거리까지 없는 것이 없었어요.

장터에 나온 사람들 중에는 전국의 장터를 돌아다니면서

▲ 현재의 아우내 장터 모습

전문적으로 물건을 파는 장돌뱅이들도 있었어요. 장돌뱅이들은 다른 지역의 소식을 전하는 역할도 했어요.

유관순과 마을 주민들이 만세 운동을 하기 위해 장터를 택한 이유는 장터는 원래 사람이 많이 모이는 곳이기 때문에 만세 운동에 참여하기도 좋고 일본 헌병들이 사람이 많아도 의심을 하지 않았기 때문이에요.

13. 유관순이 잡혀간 서대문형무소는 어떤 곳이었나요?

서대문형무소는 일본이 우리나라를 강제로 지배하던 시절에 나라의 독립을 위해 애쓰셨던 의병(義兵)이나 독립운동가들을 탄압하기 위해 만든 감옥이에요.

독립운동가 김좌진 장군을 비롯하여 백범(白凡) 김구 선생 등 수많은 분들이 이곳에서 잔혹한 고문을 받고 고통을 받았어요.

▲ 현재는 역사관으로 바뀐 서대문형무소

서대문형무소 지하에는 사람이 움직이기도 힘든 독방을 두어서 일본의 말을 듣지 않는 사람들을 가두어 놓기도 했어요. 3·1운동 당시에는 무려 3,000명이 넘는 사람들이 이곳에 감금당했어요. 현재 서대문 감옥은 폐쇄되었고 지금은 서대문형무소역사관

▲ 서대문형무소 안의 감방

으로 바뀌어서 우리 민족의 아픈 역사를 기억하는 장소로 남아 있어요.

14. 서대문형무소에 여자들도 많이 잡혀 있던데 당시 여자들의 독립운동은 어땠나요?

당시 남자와 여자 사이에 있던 사회적 차별에도 불구하고 유관순 열사와 함께 나라를 위해 온몸을 바친 여성 독립운동가들도 많았어요. 유관순 열사의 친구인 남동순 선생님과 옥중 만세 운동을 함께한 어윤희, 이신애 선생님이 있었지요.

그리고 함경도 길주에서 아버지와 함께 만세 운동을 하던 중에 총에 맞아 숨진 아버지를 업고 대한 독립 만세를 부르다 감옥에 갇혀서 목숨을 잃은 동풍신 선생님, 독립운동가인 남편이 죽자 손주까지 있는 할머니임에도 불구하고

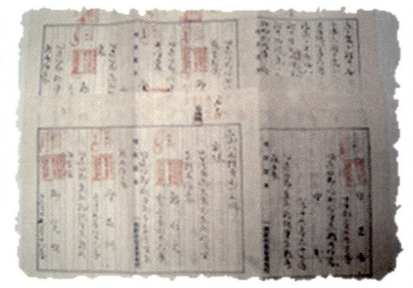

▲ 유관순 열사의 재판 기록문

조선을 다스리는 총독을 암살하려다 잡힌 남자현 선생님 등 잘 알려지지 않은 수많은 여성 독립운동가들이 우리나라의 독립을 위해서 많은 애를 쓰셨어요.

그 당시 여성 독립운동가들이 더 연구되고 알려져야 하는 이유가 있어요. 이전까지 여자는 가정에서 매여서 남자에 비해 거의 드러나지 않는 존재였어요. 그런 여자들이 한국 역사의 전면에 나오게 된

▲ 유관순 열사의 수형기록 문서

계기를 만들어 준 것이 바로 여성 독립운동가들이었지요. 더 이상 남자들의 그늘에 가려 있지 않고 나라의 독립과 새로운 세상을 위해서 싸운 훌륭한 인물들이었어요.

15. 유관순 열사가 돌아가신 뒤에는 어떻게 되었나요?

유관순 열사가 감옥에서 돌아가신 후 시신이 석유 상자에 실려 이화학당으로 보내졌어요. 선생님과 친구들은 통곡을 하면서 장례를 위해 시신에 새 비단옷을 갈아입혔어요. 다음 날 오후, 당시 정동 교회 목사이던 김종우 목사의 지도로 장례 예배가 치러지고 유관순 열사의 몸은 이태원에 있는 공동묘지에 뉘여졌어요.

그리고 1945년에 우리나라는 일본에게서 벗어나 독립을 맞이

했어요. 유관순 열사처럼 자신의 목숨을 아끼지 않고 독립운동에 나섰던 많은 분들 때문이지요.

그로부터 2년 후인 1947년에 유관순열사기념사업회가 결성되었고, 1951년에 순국열사 심사위원회에서 유관순을 순국열사로 선정했어요.

이후 1962년에 건국훈장 독립장이 추서되었고, 1972년과 1974년에는 유관순의 고향인 천안시 병천면에 추모각(追慕閣)이, 서울의 이화여자고등학교에 유관순기념관이 세워졌어요.

▲ 천안시 사적관리소 내에 있는 유관순 열사의 동상

천안에 있는 백석대학교에서는 유관순연구소를 세우고 유관순의 애국정신을 기리고 유관순 시대의 독립운동에 대하여 다양한 연구를 진행하고 있어요. 또 유관순의 평화 정신을 알리기 위한 유관순학교를 운영하고 있어요. 뿐만 아니라 2015년 4월에는 해군에서

▲ 유관순 열사의 삼색 뜨개 모자, 백석대학교 유관순연구소 보유, 백석대학교 기독교박물관에 전시 중

유관순함의 진수식이 치러졌어요. 함정에 여성 이름을 붙인 것은 해군이 생긴 이래 처음이에요.

하지만 안타깝게도 유관순 열사가 묻힌 이태원 공동묘지는 일제가 군사기지로 바꾸는 과정에서 묘지가 사라지게 되었어요. 그래서 지금은 유관순열사기념사업회가 주관하여 천안시 병천면 매봉산에 혼을 모시는 묘라고 해서 초혼묘(招魂墓)를 세워 관리하고 있어요.

16. 유관순 열사의 성장 과정에서 우리가 배울 점은 무엇일까요?

유관순 열사의 성장 과정에 가장 큰 영향을 끼친 것은 역시나 부모님의 가르침이에요. 유관순 열사의 부모님은 자녀의 생각을 존중하면서, 열린 사고(思考)를 하는 매우 개방적인 태도로 유관순 열사를 가르치셨어요.

또한 집성촌이라는 마을에서 다양한 생각을 가진 어른들과 교류(交流)하면서 성장한 것도 빼놓을 수 없어요. 주변의 여러 어른들로부터 집안 조상들의 훌륭한 점이나 가르침을 수시로 들었겠지요. 이런 것들을 한 사람의 성장 과정에서 매우 중요한 인문학적 전통(人文學的 傳統)이라고 해요.

그리고 당시 우리나라의 전통적 세계관과는 완전히 다른 기독교사상을 접할 수 있었다는 점도 두뇌 발달에 큰 도움이 되었을 거예요. 한 사람의 성장기에 기존과는 완전히 다른 생각이나 환경을 접할 수 있는 기회는 반드시 필요한 것이라고 해도 과언이 아니지요. 그런 측면에서 당시처럼 여자아이의 교육에 소극적이었던 시대에 유관순 열사를 서울로 유학을 보낸 부모님의 교육관(敎育觀)은 존경받을 만한 가치가 있어요.

현대사회를 사는 어린이 여러분과 학생들에게도 다양한 생각을 배울 수 있는 독서와 다양한 문화를 경험할 수 있는 여행이 성장 과정에 큰 도움이 될 거예요.

17. 유관순 열사가 살아 계시다면 어떤 일을 하셨을까요?

후대에 사는 우리에게 가장 중요한 질문이에요. 유관순 열사는 한학자(漢學者)인 아버지에게서 윤리와 도덕을 중요시하는 인성 교육과, 기독교의 교리를 통해 사랑과 나눔의 가르침을 받으면서 성장했어요. 이렇듯 배우는 것을 중시하고, 새로운 사조(思潮)에 개방적인 집안에 태어난 것은 유관순 열사에게 큰 행운이었지요.

유관순 열사는 사건의 옳고 그름을 분명히 따지는 시비지심(是非之心)과 약한 사람들을 보면 도와주고 싶어 하는 측은지심(惻隱之心)을 가지신 분이었어요. 이 두 가지 정신이야말로 유관순 열사를 대표하는 정신이라 할 수 있지요.

앞의 이야기에 나오는 어릴 때의 일화와 결합해서 풀어 본다면, 한마디로 상대방과 입장을 바꾸어서 생각해 보는 역지사지(易地思之)의 철학을 시시각각 행동으로 옮기신 분이에요. 우리는 평소 남을 존중하고 배려하자는 말을 입에 달고 살지만, 실제로 그것을 실행하는 사람은 드물다는 면에서 유관순 열사의 정신은 무척이나 위대해요.

이러한 의미에서 오늘날 살아 계실 유관순 열사의 모습을 생각해 보면, 사회 정의나 세계 평화를 위해 노력하는 시민운동에 앞장서 활동하셨을 것 같아요. 특히 경직된 한일 관계의 해소는 물론 동아시아의 항구적(恒久的)인 평화를 위해 고민하고 행동하는 모습을 보여 주시고 계실 거예요.

바야흐로 자국(自國)의 문화나 이익만을 고집하는 흐름이 강해지고 있는 요즈음, 공정하고 반듯한 '세계시민(世界市民)'으로서의 자세를 미리 보여 주신 '유관순 누나'가 더욱 그립습니다.

제품명: 만세 소녀 유관순 | **제조자명**: 도서출판 리잼
제조국명: 대한민국 | **전화**: 02-719-6868
주소: 서울시 강동구 상암로167, 702호
제조일: 2020년 1월 2일 | **사용 연령**: 10세 이상

* KC마크는 이 제품이 공통안전기준에 적합하였음을 의미합니다.

⚠ **주의** 아이들이 책의 모서리에 다치지 않게 주의하세요.

만세 소녀 유관순

1판 1쇄 발행 2017년 3월 1일
1판 3쇄 발행 2020년 1월 2일

글쓴이 류영하·신지영 | 그린이 이담원 | 감수 백석대학교 유관순연구소
펴낸이 안성호 | 편집 조경민 조현진 | 디자인 이보옥
펴낸곳 리잼 | 출판등록 2005년 8월 9일 제 313-2005-00176호
주소 05307 서울시 강동구 상암로167, 702호
대표전화 02-719-6868 팩스 02-719-6262
홈페이지 www.rejam.co.kr 전자우편 iezzb@hanmail.net

ⓒ류영하·신지영 ⓒ이담원
사진 제공 : 백석대학교 유관순연구소, 독립기념관

* 잘못 만들어진 책은 바꾸어 드립니다.
* 이 책의 무단 복제와 전재를 금합니다.
* 책값은 뒤표지에 표시되어 있습니다.

이 도서의 국립중앙도서관 출판예정도서목록(CIP)은 서지정보유통지원시스템 홈페이지(http://seoji.nl.go.kr)와 국가자료공동목록시스템(http://www.nl.go.kr/kolisnet)에서 이용하실 수 있습니다.(CIP제어번호: CIP2017003648)

ISBN 979-11-87643-13-5